VOLUME 2

MULHERES QUE REALIZAM

IMPACTO E INFLUÊNCIA FEMININA NOS NEGÓCIOS

EDITORA
CHAVE MESTRA ®

EDITORA
CHAVE MESTRA

Av. Marcos Penteado de Ulhoa Rodrigues, 1119 – Tamboré, Barueri-SP
Ed. Office Shopping Tamboré – Andar 21 – Sala Chave Mestra
CEP: 06460-040
@editorachavemestra
editora@editorachavemestra.com.br
Acesse: www.editorachavemestra.com.br
Mulheres que realizam - volume 2:
Impacto e influência feminina nos negócios

Direção editorial: Raquel Medeiros
Coordenação editorial: Bartira Costa Neves
Revisão: Híllona Anjos
Assistente editorial: Amanda Oliveira e Eloiza Andrade
Projeto gráfico e diagramação: Daniel Marchesani
***Branding* de capa:** Izzo Medeiros

Dados Internacionais de Catalogação na Publicação (CIP)

Vale, Rogério (Organizador)
V149 Mulheres que realizam - volume 2: impacto e influência feminina nos negócios/ Rogério Vale (org.) – Barueri, SP: Chave Mestra Editora, 2024. 208 p. : 16 x 23 cm

ISBN 978-65-5496-017-5

1. Desenvolvimento pessoal. 2. Mindset. 3. Negócios. 4. Riqueza. 5. Sucesso nos negócios. 6. Atitude. I. Título.

CDD 158.1

Volume 2

MULHERES QUE REALIZAM

IMPACTO E INFLUÊNCIA FEMININA NOS NEGÓCIOS

SUMÁRIO

APRESENTAÇÃO

O projeto do livro *Mulheres que realizam* é fruto do inspirador trabalho desenvolvido pelo Clube Saber Mulher, um vibrante espaço de empreendedorismo feminino.

Fundado com o propósito de impulsionar os negócios das mulheres, o Clube se destaca pela criação de conexões estratégicas, parcerias de negócios e uma plataforma de capacitação que empodera e capacita empreendedoras a alcançarem seus objetivos. A partir desse ambiente de colaboração e apoio mútuo, nasceu a ideia de registrarmos as histórias de sucesso, os desafios superados e as lições aprendidas por mulheres que estão realizando grandes feitos em suas áreas de atuação.

A obra *Mulheres que Realizam: volume 2* visa não apenas estimular, mas também fortalecer a rede de apoio entre empreendedoras, mostrando o poder da união e da determinação feminina.

Este segundo volume promete ser impactante, com histórias renovadas e *insights* poderosos que continuarão a energizar e transformar a vida de todas que buscam o sucesso no empreendedorismo.

MULHERES QUE REALIZAM

É uma celebração da jornada de 20 coautoras, cada uma trazendo sua história única no mundo do empreendedorismo. Estas páginas são um testemunho dos desafios superados, das motivações profundas, das conquistas alcançadas e das vitórias gloriosas. Cada narrativa é uma fonte de inspiração, transbordando sabedoria e deixando um legado duradouro para aqueles que sonham em seguir os mesmos passos.

Convido você a mergulhar nestas histórias de empreendedorismo e permitir que elas impactem sua jornada, facilitem seu caminho e o levem a novos patamares empresariais. Que estas histórias impulsionem sua jornada e o conduzam a novos horizontes. Aproveite a leitura!

Tárcis Rosa

Adriana Eliza Federiche Mincache

Sou casada com Alan Rogério Mincache há 19 anos. Advogada e empresária. Não temos filhos. Nascida numa pequena cidade no interior do Paraná, filha caçula de uma família com 6 irmãos. Pais agricultores. Vivi o processo da perda familiar muito cedo. Aos 9 anos, meu pai faleceu.

No casamento, a cumplicidade tem sido fundamento para a construção da Adriana de hoje, diferente, melhor do que no passado. Sem culpa, mas num processo contínuo de autoconhecimento e clareza de que as minhas escolhas serão sempre minha responsabilidade e representam as consequências que se apresentam na minha vida.

adrianamincache

adriana.eliza@fmadvoc.com.br

+55 (44) 99133-0503

MULHERES QUE REALIZAM

MINHAS ESCOLHAS, MINHAS CONSEQUÊNCIAS 01

Por Adriana Eliza Federiche Mincache

Da infância na fazenda de café, onde meu pai era o administrador, para um futuro como advogada e empresária. Forjada numa educação cristã, conservadora, a filha pequena de uma grande família. A escola rural, distante da minha casa mais de 8 quilômetros, em dias de chuva somente se chegava a pé. O ônibus do município "encalhava" no barro. Então, o jeito era seguir junto com dezenas de outras crianças estrada de barro afora, para chegar na escola.

Ainda naquela época, memórias da escola: inesquecível a merenda preferida, sopa de macarrão com feijão; os cadernos que tinham "abertura" com colagens e desenhos realizados pela professora, tia Leonor.

Inocência, com poucas expectativas de conhecer um mundo fora daquele lugar, porém, um tempo feliz, onde brincar de esconde-esconde naquelas incontáveis ruas de café da fazenda em que eu morava e escorregar na terra vermelha das caixas de contenção de água eram aventuras incríveis.

Depois de alguns anos, veio o desafio de morar numa grande cidade, no interior do estado de São Paulo e enfrentar a 3ª série primária numa sala de aula com todos os alunos moradores da cidade, sendo eu a "alienígena" da sala, recém-chegada do Paraná.

Encontrei, tal como na infância, pessoas especiais. Minha madrinha de batismo fazia as "aberturas" dos meus cadernos, desenhos como vasos com flores, lindamente pintadas com lápis de cor, cuidadosamente organizados. Eles iriam abrir histórias do conhecimento aprendido pela professora esguia e zelosa com a aluna do sítio que veio morar na cidade. Era 1986. Neste ano, os desafios escolares foram gigantes para aquela menina franzina que ainda trazia terra debaixo das unhas, procedente da fazenda de café onde viveu boa parte da infância.

Me lembro das noites estressantes para fazer a tarefa da escola e meu pai, com seus esforços pessoais, me auxiliava com a matemática. Ah, a matemática! A grande vilã daquela época! Sorte a minha que contava com o pai agricultor, que com mãos já trêmulas pela idade, tinha tranquilidade e calma para, por inúmeras vezes, me explicar como fazer a conta. Entre choro, medo e tristeza por não estar entendendo como resolver a conta, no final, ele que me chamava carinhosamente de "Chiquinha", brincava e com um sorriso, dizia: "Pronto! Tudo certo!".

No final daquele ano, na despedida da escola (pois, no ano seguinte voltaríamos ao Paraná), um recado da professora, que entrou como uma flecha de amor no meu coração. Constou escrito no meu caderno de tarefas: "Você está excelente, é dedicada, será muito feliz e me deixa muito feliz!". Meu Deus! Que emoção a minha, o caderno com a frase de fim de ano resiste firme no baú das lembranças e nunca deixou ou deixará de estar no meu coração.

Então, 1987, ano da morte do meu pai. De volta ao Paraná, em outubro meu pai partiu. Momentos de dor, sofrimento. Lembro-me como se fosse agora de ter encontrado a casa vazia, pois minha mãe e os vizinhos correram para o hospital com ele infartado. Já no local, a lembrança do corpo dele sobre uma mesa, frio, sem vida... O dia seguinte a isso foi o início de uma nova realidade. Uma vida, dias, anos, escolhas, movimentos que me trouxeram até aqui.

A decisão

A partir da perda do meu pai — o qual julguei por muito tempo, depois de sua morte, ser um homem fraco por me abandonar com tão pouca idade — me lembro de ter falado em meu diálogo interno que eu não poderia "dar trabalho" para minha mãe, nem exigir nada dela e deveria resolver as "coisas da minha vida", pois, da minha mãe semianalfabeta e viúva, não seria justo exigir nada. Ou seja, minha tristeza sobre a ausência do meu pai, minhas vontades sobre presentes, roupas e brinquedos deveriam ceder espaço para aceitar o que me fosse oferecido, o que eu não podia, como repetia para mim mesma, era "judiar" da minha mãe! E assim foi ao longo de muitos anos.

Novamente, pelo caminho pude contar com pessoas incríveis. Minha irmã mais velha, depois da morte de meu pai, nos acolheu em sua casa. Foi a grande incentivadora para que eu estudasse, me abrigou na casa onde pude morar para fazer faculdade de Direito.

Ao rememorar esses anos e aqueles em que passei pelo ginásio e segundo grau, concluo que naquele tempo foi surgindo uma Adriana com facilidade para assumir responsabilidades e liderar pessoas. Da liderança em sala de aula — naquele tempo, os alunos elegiam um(a) líder — até à fundação do Rotaract Club da cidade, me pareciam sinais claros de que em algum momento eu viveria novos tempos, encontraria caminhos diferentes, mas, não havia consciência sobre isso. Não da forma como vejo hoje, com a clareza que o autoconhecimento e a busca incessante para aprender sobre mim, minhas emoções, compreender a importância da quebra de padrões me trouxeram nos últimos 10 anos. Naquela época, liderar a sala de aula, fundar um clube de jovens e futuros rotarianos era apenas não "dar trabalho" para minha mãe. Com o início da faculdade, também iniciei o namoro com meu único namorado e agora meu esposo, o Alan.

Outra jornada desafiadora, carregada das crenças surgidas no tempo de criança, quem sabe até na minha concepção, foi sair da zona de conforto de morar e viver numa pequena cidade, para viver e estudar numa grande cidade. Aquela jovem líder se via uma pessoa invisível na universidade pública, cuja vaga conquistada foi comemorada como um prêmio lotérico.

Novamente, uma decisão. Sem recursos financeiros, morando pelo favor da minha irmã mais velha, em seu apartamento, uma república de jovens estudantes, depois de ter estudado durante um ano, madrugadas afora (acordada pelo consumo do pó de guaraná[1]) para conseguir passar na universidade pública, entendi que deveria iniciar logo um estágio. Imaginei que o estágio traria um conhecimento diferente da sala de aula, poderia render recursos financeiros para ajudar nas despesas. E assim foram os anos da

1 O guaraná em pó é usado para combater o cansaço físico e mental. De modo geral, o pó de guaraná serve para repor a energia e melhorar até a atenção. Ele contém cafeína, e os efeitos da cafeína no nosso organismo são nos deixar mais atentos.

universidade: estágio desde o primeiro ano até o dia em que, formada, decidi iniciar a carreira de advogada.

O primeiro emprego foi em uma pequena empresa de abate de aves em Maringá, interior do Paraná, que anos depois pude atuar como executiva. Participei e contribui para ver essa mesma empresa se tornar uma gigante no abate de aves no estado. Para meu orgulho e alegria, nosso escritório de advocacia atua até hoje prestando serviços jurídicos para o grupo.

De advogada interna e executiva da empresa, onde aprendi sobre gestão, conheci e compreendi o funcionamento, a complexidade e a beleza de liderar um negócio gerando empregos, contribuindo para o desenvolvimento econômico e social da cidade e do país, para me tornar sócia do escritório de advocacia que existe há mais de 15 anos, emprega mais de 50 profissionais e faz absoluta questão de gerar valor para os clientes pelos serviços prestados.

Em meio a mais uma decisão, deixei um trabalho como funcionária, o qual, diga-se de passagem, era apaixonada por realizar, para construir, ao lado do meu esposo, o nosso próprio negócio.

Pouco tempo depois disso, mergulhei fundo para me conhecer, identificar minha essência, compreender medos, sentimentos de inferioridade (não ser boa o bastante, não ser merecedora), iniciando essa jornada com um treinamento sugerido por uma advogada do nosso escritório até hoje, a Maísa.

Fui em busca de entender minhas emoções que determinavam minhas reações e comportamentos, que ao longo da vida me trouxeram, muitas vezes, conflitos, julgamentos dos outros sobre mim. O treinamento me fez refletir, amadurecer e acreditar sinceramente que as minhas reações frente à qualquer situação poderiam ser totalmente diferentes. A escolha de mudar era minha! E o processo de mudança não estava nas pessoas, mas apenas em mim. E a partir da mudança, a minha vida seria transformada. O momento certo de mudar é exatamente quando se decide fazer isso.

É incrível que nesse processo de me conhecer, aprendi a me perdoar e a compreender que se estou entregando meu melhor em minhas ações, é possível que não agrade todas as pessoas, o que não me impede de reconhecer o meu valor sobre o que fiz ou como agi. Ou seja, o julgamento das pessoas sobre mim reflete unicamente o pensamento delas, o que não significa que seja a verdade sobre minhas ações e reações. Eu me importar menos ou não me importar com o julgamento dos outros é a liberdade e a escolha de compreender não só a minha, mas a humanidade das pessoas à minha volta.

Aceitando minha humanidade, aprendendo a me perdoar e compreendendo a humanidade das pessoas, pude deixar de julgá-las, entendendo que a maioria das pessoas não acessa a consciência sem um processo de autoconhecimento primeiro, e elas, como eu, carregam padrões de comportamento, crenças e traumas que as tornaram quem são e promovem nelas as reações que têm. Nesse sentido, com a consciência da humanidade das pessoas, posso contribuir com elas em seus próprios processos de aprendizado, com meus exemplos e experiências.

Outro aspecto relevante em me conhecer foi a compreensão sobre que eu respondo por minhas ações e reações, mas não respondo pelas ações e reações das outras pessoas, estando elas na minha família, no meu trabalho, na minha comunidade. Ou seja, nada posso controlar (ou tentar), que não sejam as minhas próprias emoções ao agir ou reagir. Nesse processo, pude libertar-me de culpas!

Ao fazer isso, compreendi que rompi com padrões comportamentais originados da educação e convívios de minha infância, adolescência e juventude e pude acessar experiências incríveis de paz interior e alívio por não ser responsável por solucionar dificuldades e sofrimentos de outras pessoas.

Assim, viver sem medo ou culpa sobre o julgamento das pessoas, me reconhecer como um ser humano único, singular, me perdoar, são grande parte da Adriana de agora. E, em mais uma nova fase, pilares como: Deus, família e trabalho devem ser perseguidos com mais veemência ainda, pois o equilíbrio entre eles determinará o sucesso de empreendimentos, a tomada de decisões assertivas e o acesso a mais prosperidade.

Apropriar-me desta consciência que levou décadas para eu compreender (e vem sendo alimentada com mais conhecimento sobre mim e sobre as pessoas), tem determinado os novos rumos da minha vida atual. Os ganhos emocionais e materiais têm se multiplicado. A incrível quebra de padrão tem movimentado pessoas ao meu redor e estou certa de que mudanças duradouras estão em andamento na minha família, nos nossos negócios e no futuro que virá.

Isso tanto é verdade que, ao comemorarmos 15 anos de existência do nosso escritório jurídico, nasceram a partir dele e como complemento a ele, outros três novos negócios, que serão construídos fundados nas mudanças que ocorreram nas nossas vidas (em especial, na minha vida) ao longo dos anos. Também estamos assistindo às pessoas que amamos movimentarem-se de forma diferente em suas ações e atitudes, quebrando padrões comportamentais e eu entendo que exista alguma relação com meus próprios movimentos. E acredito nisso, pois, dentre outras coisas, eu também acredito que somos movidos por energias trocadas uns com os outros, com a natureza e objetos. Movimentando energias estamos nos movimentando, ainda que de forma inconsciente.

Além disso, a consciência adquirida a partir da escolha em me conhecer e entender minhas reações, compreendendo que padrões comportamentais foram criados e incutidos ao longo da minha vida, mas, quebrá-los é também uma escolha que posso fazer e faço, também alicerçam os próximos anos de aprendizados da Adriana.

E nessa caminhada, outra certeza tem impactado as escolhas que tenho feito e podido fazer, que se trata de devolver ao universo as oportunidades que escolhi agarrar e que me tornaram uma pessoa e mulher melhor. Trata-se da minha decisão em aprofundar a dedicação de parte da minha vida ao serviço humanitário, utilizando os aprendizados adquiridos a partir das minhas próprias experiências e daquelas que ainda adquirirei.

E nessa experiência em servir, já estou em movimento aplicando lemas rotários[2] como: **"Dar de si sem pensar em si** e "**Mais se beneficia quem melhor serve.**", posso reconhecer que estou ainda mais pronta e disposta a aprender mais, oferecer mais e receber para honrar as entregas.

É evidente que os dias de incerteza, os momentos em que minha humanidade falará alto no coração e os comportamentos indesejados (medo, inferioridade) surgirão, mas eu posso, com

2 Rotary Internacional, organização não governamental, completou 119 anos de fundação em 2024.

muita clareza, escolher interrompê-los, dando espaço para a visão daquilo que realmente importa e de como posso solucionar, avançar, reconectar-me com o que sou e como resolver toda e qualquer questão ou situação que se colocar à minha frente. Entendendo que não controlo os outros, mas posso controlar minhas emoções, minhas reações e dar uma diferente direção para cada coisa, em cada momento.

Nesse processo contínuo de aprendizado e evolução, compreendo que quanto mais puder evoluir, mais poderei contribuir com meu entorno e minha contribuição poderá transforma-se em ações concretas por outras pessoas. Com isso, poderei (poderemos) movimentar o mundo criando oportunidades de aprendizados e evolução, que poderão espalhar-se para todos os cantos da terra.

E, como num sistema que se alimenta de novos aprendizados, novas conexões, novas atitudes e novas escolhas, poderei (poderemos) romper reinados de dor e ódio, guerras, doenças e buscar novos entendimentos, novas relações, novas formas de viver e conviver. Por isso é que minhas escolhas determinam todas as consequências.

“

Eu escolho
aprender todos
os dias com as
situações e decido
reagir a cada uma
delas com clareza
e consciência,
mesmo sendo um
desafio.

Adriana Eliza Federiche Mincache

Adriana Tiemi

Sou uma mulher em processo de transformação, filha de Deus, abençoada, esposa, madrasta, filha, irmã e amiga.

Contadora de profissão, bacharel em Direito e aventureira de coração, comecei a sentir em meu coração que queria mais da vida, que precisava de mais. Estou compartilhando, literalmente, o meu despertar para a vida!

Amo viajar, acampar, fazer trilha, fazer compras, me cuidar e cuidar de quem eu amo. Já falei viajar? Amo contemplar a natureza, conhecer lugares novos e tenho objetivos ousados para o futuro.

Que a minha historia de superação e despertamento plante a sementinha para que você desperte para sua vida também!

adrity

adrity@yahoo.com.br

(44) 99832-4942

MULHERES QUE REALIZAM

O DESPERTAR DO MEU VERDADEIRO EU

02

Por Adriana Tiemi

Natural de Maringá/PR e moradora de Marialva/PR, sempre vivi nessas duas cidades. Nelas construí todo o meu histórico e crenças de vida, algumas boas e outras nem tanto. Sempre fui uma criança e adolescente muito tímida e somente na fase adulta aprendi a me soltar mais.

Aos 39 anos, jamais imaginei que iria viver algum fato que fosse entrar para a história mundial, como a pandemia do covid-19. Quando estava chegando na minha vez de tomar a vacina, eu e meu marido pegamos o vírus. A doença foi evoluindo, mesmo sob medicação e ficamos internados. Neste momento, expresso aqui minha gratidão aos médicos e enfermeiros que cuidaram de mim.

Fiquei 11 dias no hospital, usei muitos cilindros de oxigênio. Naquele momento, meu único objetivo era conseguir respirar. Meu pulmão parecia que estava colado e era impossível respirar sem o auxílio do cilindro. Meu marido ficou na cama ao lado, minha outra preocupação era que ele ficasse bem, mesmo que eu não. Em uma noite, pedi a Deus que o poupasse, mas que se quisesse podia me levar com Ele. Foram dias de bastante luta e sofrimento. Nesses momentos, a gente consegue enxergar o quão somos pequenos e insignificantes perante o mundo lá fora. Nessa luta de conseguir respirar, não conseguia fazer nada sozinha, a princípio me davam banho na cama com paninho molhado, depois na cadeira de banho... ia ao banheiro com o cilindro de oxigênio, fiquei com sonda, a enfermeira me limpava nas minhas necessidades... e você vê o quanto acaba ficando fraca e vulnerável.

Numa das noites no hospital, pensei que se eu conseguisse sair viva de lá, iria mudar a minha vida. Nós respiramos o tempo todo e às vezes nem nos damos conta, pois é tão comum e automático que não valorizamos. Pare por um segundo agora e imagine se, ao puxar o ar, você não conseguisse! Por muitos dias, minha luta foi somente conseguir respirar. Lembro-me até hoje como foi a sensação de conseguir tomar banho sozinha, ainda no hospital, depois de muito tempo... algo tão corriqueiro, não é mesmo? Quando não conseguimos fazer as coisas que usualmente fazemos sozinhas, valorizamos as pequenas coisas da vida.

De volta à rotina, voltei a viver tudo de novo, sem mudança alguma: muito estresse, cobranças e autocobranças. Como uma forma de proteção ao *bullying* sofrido na infância, eu era uma pessoa séria e brava, ao mesmo tempo muito emotiva e determinada.

Comecei a ter crises de ansiedade com medo da morte, com medos sem explicação e muitas vezes sem sentido algum. Após algum tempo com essas crises, conversando com meu marido, resolvi procurar ajuda psicológica e até hoje faço terapia. Uma coisa que digo é que nós não precisamos dar conta de tudo e está tudo bem. Existem pessoas que nos amam e que podem nos ajudar. Porém, em contrapartida a esse sentimento, existe um outro sentimento dentro de mim que repugna a dependência de outras pessoas. É um jogo interno que ainda estou tentando equilibrar.

E como o tempo passa... e passa mesmo! Após dois anos da covid, tive uma crise renal. Dormindo, em uma certa madrugada, acordei com dor, urinei com sangue e sabia que tinha que correr para o hospital, já que tenho algumas pedras nos meus rins. Meu marido me levou e naquele dia mesmo foi feita a cirurgia. No mesmo dia saí do hospital, que benção! Tomei uma medicação e deveria voltar ao médico na semana seguinte para a retirada do cateter. Porém, no outro dia, em casa, comecei a sentir a sola do meu pé queimar, na planta do pé direito, como se eu tivesse pisado em algo muito quente. Após a sensação de queimadura, surgiu uma bolha, e o que eu fiz? Furei ela, para eu conseguir andar, colocar um calçado e conseguir ir trabalhar.

Fui trabalhar a semana toda com o pé assim e ele foi piorando com o passar dos dias. Voltei ao médico do rim, retirei o cateter, aproveitei e pedi para ele dar uma olhada no meu pé. Ele pediu para eu ir com urgência ao médico vascular, inclusive conseguiu um encaixe para mim no mesmo dia. À tarde, fui a esse médico e quando fui atendida, ele disse que eu teria que me internar e abrir o meu pé. Lágrimas vieram aos meus olhos e eu custei acreditar, mas "ok". Meu emocional ficou muito abalado, o médico avisou ao meu marido, que também ficou assústado.

Fui para casa, fiz uma malinha, e com o encaminhamento de internação, fui em dois hospitais para fazer a raspagem no meu pé, mas não havia vaga. Fui então em um outro que tinha, porém, mudaria todos os médicos que estavam me atendendo. Meu pé latejava. Após alguns problemas no hospital, me internaram para a cirurgia e me colocaram ao lado de um homem que tinha acabado de ter o pé amputado. A médica, inexperiente no sistema do hospital, me deixou com dor, sem mandar informação à enfermaria sobre a minha medicação. Os médicos estavam desconfiados de ser pé de diabético, por eu ser gordinha. E eu, com muita dor, medo e o psicológico perturbado.

Fui para o quarto e no dia seguinte fizeram o procedimento. Correu tudo bem, graças a Deus mais uma vez. Mas eu nem imaginava o que estava por vir. Quando vamos receber algum atendimento médico, eles sempre perguntam se somos alérgicos a algum tipo de medicamento, não é? Minha resposta sempre foi não. E achava que não era mesmo... mas descobri que sim, de uma forma bem dolorosa.

Na recuperação da cirurgia, tomando antibióticos e remédios para dor, meu corpo começou a ter reações alérgicas. Fizeram o teste de diabetes e deu negativo. O médico falou que ia ter que trocar a medicação, devido àquelas reações. Eu comentei que quando fiz a cirurgia do rim, tomei um certo antibiótico e o médico resolveu então me dar o mesmo. A cada gota que entrava no meu corpo, de forma endovenosa, eu sentia uma espécie de choque. Achei que fosse normal da medicação e ela ficou um tempo ali correndo através do soro. Até que a alergia foi piorando, chamei a enfermeira e ela suspendeu a medicação. Dali por diante, só me vi piorando. Não deixei que me dessem mais nenhum remédio, até que o médico responsável me visse.

Bolhas saíram nos pés, nas mãos e em todo o meu corpo. Sentia muita dor, andava com os pés cheios de bolha, não conseguia segurar o celular, me alimentar sozinha, abrir uma garrafa de água. Logo a boca ficou cheia de bolhas também e não conseguia mais me alimentar, mudaram a minha dieta para líquida e gelada. E os médicos não chegavam a um diagnóstico sequer. Foram uns 3 ou 4 longos dias assim, eu piorando, sem saber o que eu tinha e novamente com medo de morrer.

A nossa mente é muito poderosa. Eu ficava deitada na cama, olhando as bolhas nas minhas mãos, esperando uma melhora e ela não vinha. Tinha muito medo dentro de mim, mas segurava os sentimentos pelos meus pais e meu marido. Não queria deixá-los mais preocupados do que estavam. Durante a madrugada, comecei a pensar novamente que Deus tinha um propósito para minha vida, que aquilo tudo era para que eu despertasse para algo, que eu não sabia ainda o que era. Na verdade, ainda estou descobrindo, mas a pergunta era: "Por que eu mereço estar viva?". Ali, da cama do hospital, mandei mensagem para uma amiga que não conversava há tempos e ela foi me visitar.

Nessa visita, eu ganhei o livro *Mulheres que realizam – vol.1*, e comecei a minha leitura. Gratidão a Tárcis Rosa, que me deu força e apoio num momento tão complicado. Quantas histórias e tantas inspirações contadas naquele livro, falei a ela que eu estaria na próxima edição, e cá estou eu escrevendo para vocês.

No mesmo dia, recebi outra visita, que também me emprestou um livro que transformou a minha vida: *O poder do subconsciente*, do Dr.Joseph Murph. Gratidão a Débora Domingues, por me emprestar esse livro. Com essas duas leituras em conjunto, comecei a ter outra visão de muitas coisas... e aproveitei meu tempo ali, na cama do hospital. Logo após isso, minha cunhada foi também e oramos juntas.

Então, veio uma especialista me ver e fui diagnosticada com Síndrome de Steven Jhonson. Começou então o tratamento. Pelo que eu entendi, só havia um, o remédio era colocado em um soro e passava por uma bomba, que disparava de tempos em tempos a medicação, na quantidade exata para o meu corpo. Eu ficava umas 3 ou 4 horas nessa máquina. No terceiro dia, comecei a ver melhora e o alívio finalmente veio, graças a Deus eu comecei a melhorar.

Meu irmão e minha cunhada pagaram uma dentista para fazer uma cauterização na minha boca, para que eu pudesse conseguir voltar a comer. Foram duas aplicações e tive uma melhora significante. Gratidão à toda família, pelo apoio que sempre tenho, cada um cuidando de mim à sua maneira. Minha mãe ficava comigo de dia e meu marido à noite, e em uma delas, minha irmã caçula dormiu comigo também. Minha sogra fazia purê de batatas e meu marido levava para que eu não morresse de fome só com a dieta líquida.

Após alguns longos dias, tive alta. Medicação, cremes e curativos. Troquei a pele de praticamente o corpo todo, não conseguia lavar a minha cabeça porque a pele das minhas mãos estava saindo. Meu marido então teve que aprender a lavar o meu cabelo. Não só isso, ele cuidou de mim, sempre com muito amor e dedicação. Fora tudo isso, ainda trocava todos os dias o curativo do pé que tinha ficado em carne viva.

Muito creme no corpo e nas mãos, e hoje ainda tenho a herança de algumas muitas manchinhas no corpo, fui carinhosamente apelidada de "Jaguatirica". Não reclamo, elas são o sinal da superação dessa doença. Durante a minha recuperação, estava certa de que se eu quisesse mudanças em minha vida, eu teria que agir ao invés de reclamar, mudar meus pensamentos e atitudes, focar na mudança.

A mudança começa dentro de nós. É algo que exige desapego e coragem, mas que traz resultados que vão além do que esperamos. Por algum tempo, mesmo com essa decisão, estava perdida sobre o que fazer para começar. Um sentimento sobre qual seria o meu propósito de vida também ficava martelando os meus pensamentos.

Minha vida mudou muito com a leitura do livro do Dr. Murph. Segundo ele, a mente subconsciente cumpre as ordens recebidas, baseadas no que a mente consciente acredita ser verdade e aceita como verdade. Sendo assim, mudar os pensamentos muda o seu destino. Então, se tenho a capacidade de escolher, eu escolho a vida, a saúde, a prosperidade, eu escolho o amor!

Em uma certa segunda-feira, fiz minha oração pela manhã no caminho do trabalho, e chegando lá, teve o momento de oração onde o assunto foi que nós devemos saber reconhecer a presença de Deus nas situações. A pessoa falou sobre a história do homem que esperava a salvação de Deus, mas que não O reconhecia nas pessoas que ofereciam ajuda e ele morreu esperando a ajuda de Deus. No mesmo dia, falei com a minha amiga e disse para ela não esquecer de mim com relação ao livro e que eu queria estar nele. Ela me convidou então para participar de uma Constelação Familiar. Como Deus ajuda quem entra em movimento, nessa constelação conheci a minha mentora, que me orienta nas ações que devo focar, se quero realmente ter uma vida dos sonhos.

Aprendi que posso controlar os meus sentimentos com relação às coisas que acontecem e não me estressar com o que não está sob o meu controle, pois a gente muda a partir do momento que tomamos consciência de algo. Também aprendi a abrir mão de ter razão e ser feliz. Isso é libertador. Não precisamos provar nada a ninguém, não devemos competir com ninguém. Nossa evolução é só nossa, com a gente mesma. Quantas vezes você se estressou porque queria ter razão? Aonde isso te levou?

A vida é o empreendimento mais valioso de toda pessoa. Já parou para pensar a quantidades de "setores" que precisamos gerenciar? Espiritual, saúde física e mental, profissional, financeiro, social etc. Não espere estar numa cama de hospital, à beira da morte, para querer tomar uma atitude na sua vida. O que tiver que fazer, faça agora, ou ao menos comece a se planejar para fazer. Pensando por outro ângulo, estamos vivendo em contagem regressiva, em que não sabemos quando nosso tempo irá acabar. Então, por que não fazer valer a pena cada novo dia, cada nova oportunidade de viver?

Entendo que minha historia seja de superação e inspiração. Superação pelas dificuldades e tanta dor que eu venci, com a ajuda de Deus e minha família, e de inspiração para que pessoas comuns assim como eu, sejam inspiradas a tomar alguma atitude para mudar ou transformar aquilo que não está trazendo felicidade e satisfação em suas vidas.

Ainda estou no processo, mas estou muita grata por tudo que já evoluí. E é assim mesmo, devagar e sempre. Quando você toma a atitude de começar, nada mais te para porque você não quer mais ficar onde estava e começa a ver resultados em sua vida. Ao mudar o nosso interior, temos o reflexo no nosso exterior e isso é gratificante. Estou na fase de plantar as sementinhas e sei que Deus me dará muito mais do que eu plantei.

Identifiquei minhas fraquezas e decidi enfrentar as minhas crenças limitantes. Estou resolvendo duas coisas que trouxeram traumas para minha vida e dando um novo significado a eles. Acredito que superando meus traumas, o que trava a minha vida deixará de existir.

O tempo vai passar! Continuaremos com as atitudes de sempre ou mudaremos nossos hábitos e atitudes? E se for para ter uma vida mais feliz, porque não? Geralmente, fazem a pergunta de como você se imagina daqui a cinco anos, porem, não sabemos se daqui a cinco anos ainda estaremos aqui.

"

Não espere ficar doente para despertar para a vida. Faça valer a pena!

Adriana Tiemi

Aline Iba

Sou Aline Iba, natural de Campo Mourão/PR, e há 20 anos resido em Maringá/PR. Sou a filha caçula de Ademir e Claudia e esposa de João Seleguin, com quem formei minha família amada, meus filhos maravilhosos Heitor e Henrique.

Tenho 37 anos, sou advogada e sócia proprietária da Advocacia Cenerini e Iba, local que exerço a área civil com extrema paixão, pois minha profissão está totalmente alinhada com o meu propósito de vida, que é ajudar pessoas.

Já tive o privilégio de contribuir com mais de 5 mil clientes, solucionando problemas profissionais e pessoais, visto que o direito ampara diversas áreas, e também sou sócia proprietária da Alcance Assessoria de Cobrança, empresa de recuperação de créditos, há mais de 13 anos.

alineiba

cenerinieiba

55 (44) 99124-0522

aline@cenerinieiba.adv.br

alineiba@hotmail.com

MULHERES QUE REALIZAM

VIVA O SEU PROPÓSITO, ELE TE LEVARÁ AO SUCESSO

03

Por Aline Iba

Nasci em uma pequena cidade chamada Campo Mourão/PR e nela sempre fui rodeada de amigos, de toda minha família, que até os dias de hoje, em sua grande maioria, reside lá.

Minha família sempre foi muito estruturada, pais amorosos, exigentes, com um ótimo nível financeiro, o que me fez sempre estudar nas melhores escolas. Sempre fui muito apegada a minha família e amigos, estar perto deles sempre foi meu grande objetivo.

Acontece que na minha adolescência todo o cenário mudou, minha família sofreu uma grande perda financeira e neste momento perdemos todos nossos bens patrimoniais. Meus pais sempre foram muito realistas e falavam o que estava acontecendo, das dificuldades e até mesmo das necessidades que enfrentamos várias vezes.

O mais admirável é que mesmo na adolescência, eu, minha irmã Graziele e meu irmão Fabricio, não nos revoltamos, nós nos unimos cada vez mais, pois sabíamos que seria uma fase e que com muita fé em Deus, que sempre foi a nossa base, tudo ficaria bem.

Minha mãe, sempre muito sábia (vejo ela como exemplo de mulher para minha vida), não deixava as circunstâncias nos abaterem. Lembro-me que, desde que se casou, ela não trabalhou, deixou de ser professora para se dedicar à família e, quando a nossa crise iniciou, não mediu esforços para trabalhar, foi para São Paulo, buscou roupa para vender, e nós vivemos dessa renda por muito tempo.

Nas noites, me lembro de nos reunirmos na cozinha da nossa casa (era nosso lugar preferido) e lá meu pai fazia pé de moleque e no outro dia minha mãe vendia, junto com as roupas, fazia muito sucesso. Assim seguíamos, certos de que nossa vitória chegaria.

Tudo que passamos juntos nos fortaleceu muito e nos ensinou uma das nossas maiores habilidades, que inclusive todos da nossa família herdaram, que é a venda; todos nós hoje vendemos, cada um na sua área. Só que estava demorando muito para a fase difícil passar, vimos pessoas próximas da família perderem a esperança, adoecerem e partirem, mesmo assim, continuamos lutando.

Chegou então a fase de prestar vestibular, minha irmã já havia se mudado para Curitiba com a minha avó para fazer sua faculdade e agora a escolha era minha. Diante de tantas turbulências financeiras, perdas, trocas de escola devido à dificuldade financeira, meus pais não hesitaram em me colocar em um colégio ainda melhor para fazer meu "Terceirão".

Assim, aos 17 anos me mudei para Maringá para estudar, com pouquíssimo recurso financeiro, minha mãe achou um pensionato para eu morar e estudar. Lembro-me que a verba era limitada, e minha mãe fazia marmitas para eu me alimentar durante a semana e me dava mais R$ 20,00, e assim eu me virava. Era pouco, mas não parecia, a vontade de fazer acontecer, o sacrifício de ficar longe da família, que para mim sempre foi tão difícil, tinha que compensar, e assim foi. Eu me formei no Ensino Médio e logo comecei a prestar o vestibular, com uma única certeza: queria fazer o curso de Direito. Sim, sempre defendi minhas opiniões, sempre defendia amigas, pessoas desconhecidas, injustiçadas, e, mesmo tendo mãe professora e pai administrador, o meu sonho era ser advogada.

Mesmo sem apoio familiar, comecei a prestar os vestibulares, cheguei até a prestar vestibular para Nutrição, devido à insistência do meu pai, que falava que curso na área da saúde era sempre melhor, jamais faltaria emprego. Cheguei a passar na PUC Paraná, porém, defendendo minhas opiniões, convenci eles de que queria fazer Direito e fiz.

Na cidade de Campo Mourão, ainda não tinha curso de Direito, então fiz na Faculdade Maringá, já que estava inclusive habituada a morar aqui e também por Maringá ser uma cidade maior, com mais oportunidades de crescimento profissional. Cursei o primeiro ano com a compra de um único livro pela minha avó materna; a Vó Madalena sempre priorizou o estudo e para me apoiar, ela me presenteou com o livro que escolhi, e os demais livros eram sempre xerox ou livros da biblioteca.

Quando concluí o primeiro ano, fui um final de semana para casa dos meus pais e lá eles conversaram comigo, que não conseguiriam continuar pagando a minha faculdade e minhas despesas, que mesmo sendo baixas, para o orçamento familiar se tornaram insustentáveis, devido a nossa realidade. Entendi, sofri, e interromper meus estudos naquele momento para mim foi um choque, mas me calei e fomos juntos na faculdade trancar o curso.

Cheguei na secretaria da faculdade e estava falando com o responsável pelo setor financeiro, explicando minha real situação, então um professor muito querido ouviu e veio saber mais o que estava acontecendo. Comovido com a minha história, me pediu um prazo para conversar com o diretor da faculdade sobre o meu primeiro ano, que estava quase todo devedor. Após dias de espera, recebi uma ligação de lá, me informaram que o setor financeiro tinha liberado minha matrícula para o próximo ano e ainda permitiu que eu pagasse o débito do primeiro ano apenas no sexto ano, ou seja, quando eu me formasse, e sem acréscimo de juros. Sabendo do agir de Deus, agradeci ao professor que intermediou tudo para mim, um excelente advogado civilista, serei sempre grata a ele, Herick Mardegan (*in memoriam*), que inclusive foi também meu orientador.

Eu iniciei cursando meus estudos pelo período matutino e fazia estágio não remunerado no Juizado Especial Cível no período tarde. Meu pai sempre priorizou os estudos e, para ele, estudar no período da manhã era muito mais produtivo. Tive que mudar tudo, pois sabia que se eu não tomasse uma atitude ali, logo teria que trancar a faculdade. Passei meu curso para o período da noite, sem comunicar ao meu pai, que jamais deixaria, e fui em busca de um estágio remunerado para arcar com minhas despesas. Uma amiga fazia estágio em uma empresa de cobrança chamada Capital Cobrança, era uma advocacia bancária e também uma assessoria de cobrança.

A essa empresa, minha amiga levou meu currículo. O advogado fez uma entrevista comigo e me chamou para a vaga. Quanta insegurança eu senti! Inexperiente, no segundo ano da faculdade, nunca havia trabalhado. Lembro-me que levei minha prima para a entrevista comigo e a deixei esperando lá embaixo do prédio.

Todos os dias, com chuva, a pé, com frio, de uniforme, cumprindo meus horários e recebendo bolsa-auxílio de R$ 450,00 mensais pelas 8 horas de trabalho (ainda não tinha a Lei do Estagiário), que me ajudavam muito a pagar minhas despesas e fazer com que o meu sonho de me formar se tornasse mais próximo. Saía do estágio e corria para casa, para tomar um banho e sem comer mesmo já ia para a aula, o que para mim era muito novo, pois jamais tive uma jornada tão puxada, mesmo sabendo que esta era a realidade de muitos. Muitas vezes, o sono vinha, eu aproveitava para dormir no depósito de arquivos do escritório, no meu horário do almoço.

Neste lugar me esforcei, fiz amigos que levo comigo até hoje e logo me indicaram para uma empresa concorrente, para uma vaga que me daria uma oportunidade ainda maior. Era uma das maiores advocacias bancárias do Brasil, Advocacia Bellinati Perez, lá também tinha o setor de cobrança, então seria um grande passo na minha carreira. Lá fui eu. No meio do expediente meu celular tocou, alguém me perguntou se no horário do almoço eu poderia fazer a entrevista naquela nova empresa. Imediatamente pedi à minha colega de estágio sua sandália emprestada, me maquiei e saí para fazer a entrevista, para não me atrasar, já que teria que ir caminhando até lá e não teria tempo para passar em casa.

Meus pais sempre me ensinaram a não demonstrar fraqueza, as pessoas não têm dó, elas simplesmente se afastam de pessoas fracas, então ali tentei mostrar minha melhor versão, já que agora tinha um pouco mais de experiência. O que eu não imaginava é que a entrevista seria com a proprietária. Ela fez várias perguntas e me contratou para a vaga de estágio.

Comecei uma nova fase, sempre buscando aprender e me esforçar, sendo proativa e mostrando interesse dentre tantos e tantos estagiários que lá havia. Nessa advocacia bancária, eu tinha uma coordenadora, mas quem eu admirava mesmo era a diretora do setor jurídico. Ela era inteligente, intelectual, e eu pensava em ser uma ótima profissional assim como ela. Após um período e sempre me esforçando muito, a diretora me chamou para ser estagiária dela, e, após isso, passei a ser coordenadora de uma carteira (trabalho realizado apenas por advogados na época) e eu, mesmo como estagiária, topei imediatamente.

Lembro-me de um final de ano, em que eu já não ficava mais na sala dos estagiários, mas sim dos advogados, fui convidada para participar do

Amigo Secreto e aceitei, para me enturmar com os advogados, já que os estagiários eram do meu convívio e amigos. O que eu não esperava era tirar a diretora! Pois lá se fora todo o meu dinheiro do mês comprando um presente para ela, e ainda a confraternização foi em um restaurante japonês, o que acabou com todo meu recurso mensal (risos). Mas compensou, cada vez mais eu estava perto de pessoas que eu admirava e me espelhava como profissional.

Como os planos de Deus são sempre maiores e melhores que os nossos, o que eu não sabia era que Ele estava preparando meu futuro. Ao me formar, passei a trabalhar *home office* nesse escritório, porém, a diretora novamente me chamou para ficar interna e coordenar uma carteira de prazos judiciais de dois estados, Mato Grosso e Mato Grosso do Sul, e eu aceitei mais este desafio.

Após 6 meses trabalhando ativamente, recebi um convite: abrir o próprio escritório de advocacia. E o convite veio da diretora que eu tanto admirava, minha sócia nas duas empresas, a Jacqueline Cenerini. Isso mesmo, de estagiária à sócia da diretora, que hoje, além de 13 anos de sociedade, temos uma respeitosa amizade.

Muitas fases se passaram, para hoje, enfim, eu conseguir ter o meu escritório, juntamente com minha sócia, e mais, atender meus clientes, solucionar problemas, tirar várias dúvidas e viver do que eu realmente amo, o Direito.

Passei um período muito difícil para conseguir ser aprovada no exame da Ordem (OAB), mas com muita persistência venci esta etapa. Nunca desisti do meu sonho, ele não era apenas um sonho de menina, era exatamente o meu propósito de vida. Quantas vezes me vi, ali, criança, ajudando e aconselhando amigos e tentando achar solução para a vida alheia? E porque não fazer isso de maneira profissional, buscar soluções para ajudar pessoas, sendo remunerada por isso?

Após me formar, fiz especialização em Direito do Trabalho, Previdenciário, mas fui me encontrar realmente na área civil e me especializei em Processo Civil, para atender melhor meus clientes.

Quando veio a pandemia, me veio novamente a vontade de inovar, e com a criatividade e a ideia da minha sócia, que sempre busca fazer algo novo, fomos em busca de novas estratégias, e fomos convidadas por um grande profissional e hoje meu mentor, Marçal Siqueira, para realizamos uma especialização com certificado internacional em mentoria, pela Global Mentoring Group, e passamos a mentorear advogados com o conhecimento adquirido na nossa trajetória.

Durante a pandemia, montamos a nossa primeira turma e tivemos o privilégio de conduzir 15 novas advogadas na sua jornada, mostrando-as os melhores caminhos e estratégias utilizadas por nós durante nossa carreira. A mentoria se estendeu de maneira *on-line* e passamos a mentorear advogados por todo o Brasil, e o mais gratificante foi ver o caminho lindo que cada um conseguiu traçar a partir dos nossos encontros.

Desistir nunca foi uma opção, nem para mim e nem para minha família, por isso, hoje somos realizados no que fazemos, todos nós: meus pais, meus irmãos e juntos realizamos sonhos, certos de que Deus esteve presente por todo o nosso caminho, sendo fácil ou difícil, Ele esteve lá, sempre presente, segurando nossas mãos, nos orientando e mostrando o quanto podemos, com fé, chegar longe e realizar sonhos.

Mas não é apenas de sonho profissional que vive uma mulher. Além de sonhar em ter minha profissão, ser realizada e bem-sucedida com ela, sempre sonhei em construir minha família, ter meus filhos. No ano de 2015, após 10 anos de namoro, me casei com João Seleguin, fisioterapeuta osteopata, um esposo que sempre me apoiou nas minhas decisões profissionais e pessoais.

Realizamos muitos sonhos, fizemos viagens nas quais conhecemos muitos lugares maravilhosos por todo o mundo, compramos nossa casa e depois de todo um planejamento e sonhos pessoais realizados, faltava o meu maior sonho se realizar. No dia 05/02/2021 nasceu nosso primeiro filho, Heitor, que veio para me mostrar o real sentido da vida, me ensinando a ser mãe e o que é o amor incondicional. E sabendo que jamais teria apenas um filho, no dia 11/11/2023, nosso amor multiplicou e nasceu o nosso segundo filho, Henrique, inclusive, quando aceitei escrever este capítulo, estava grávida (uma gravidez nada fácil), mas ele veio completando a realização do meu sonho de ser mãe e me mostrando que eu teria mais força para lutar por eles.

Hoje, novamente, me vejo em uma fase nova da minha vida e também desafiadora, o de conciliar as coisas que amo, profissão e maternidade. Um desafio nada fácil, mas com uma única certeza: que Deus está no comando e continuará me dando estratégias e sabedoria para seguir firme. O mais encantador da vida é que, quando pensamos que o desafio é grande e que não podemos suportar, é exatamente este o momento em que Deus está nos moldando e descobrimos que o plano dEle é perfeito.

Olhar o lado positivo, focar nas metas e viver o propósito nos faz superar os desafios e viver com leveza e felicidade. Deus nos permite enfrentar desafios, mas também nos dá estratégias para a vitória, viver o nosso propósito é o caminho que nos levará ao sucesso pessoal e profissional.

Para mim, desistir nunca foi uma opção! Unir meu propósito de vida, que é ajudar pessoas através da minha profissão, e ter minha família é uma grande realização.

“

Deus nos permite enfrentar desafios, mas nos dá estratégias para a vitória. Viver o nosso propósito nos levará ao sucesso pessoal e profissional.

Aline Iba

Ana Satie Kakihata

Muito prazer! Sou a Ana Satie Kakihata, mais conhecida como Sati. Empresária do ramo imobiliário desde os 22 anos, matemática graduada pela UEM e pós-graduada em Administração de Empresas pela FGV. Tenho me dedicado desde cedo à vida empresarial e empreendedora. Hoje, 13 anos após a abertura da primeira empresa, sou administradora da KAK Imóveis, Aluggar e Via Despachos Imobiliários.

O associativismo sempre esteve presente na minha trajetória e, depois de mais de 10 anos participando ativamente de diversas atividades na Associação Comercial (ACIM), hoje ocupo o cargo de presidente do Programa Empreender de Maringá. O programa existe em nível nacional e somos o maior do Brasil, com mais de 1.200 empresas envolvidas.

Temos o objetivo de impulsionar empreendedores e suas empresas através da união do associativismo, troca de experiências e boas práticas, visando crescimento pessoal e profissional.

anasatiek

kakimoveis

aluggar

via.despachosimobiliarios

grupokak

satie.kak@gmail.com

MULHERES QUE REALIZAM

04 DO EMPREENDEDORISMO FAMILIAR AO EMPREENDEDORISMO FEMININO

Por Ana Satie Kakihata

Sou a primeira filha de um casal novo e empreendedor. Nascida em 25 de outubro de 1987, minha mãe, Miyuki, tinha 22 anos e meu pai Takeshi, 25. Na época, meu pai era vendedor de ovos e depois, junto à minha mãe, tornou-se comerciante em diversos segmentos: banca de revistas, depósito de materiais de construção, lanches escolares, entre outros. Meu pai foi ao Japão trabalhar de *dekassegui* por duas vezes. Meus irmãos mais novos nasceram, estudamos em escolas particulares, depois veio um período difícil e mudamos para a rede pública.

Apesar de algumas dificuldades financeiras, a família sempre foi um ambiente acolhedor, de incentivo ao estudo, ao desenvolvimento de cada filho (cada um do seu jeitinho) e em meio ao empreendedorismo. Meus pais sempre foram super empreendedores e se viravam com as condições que tinham, sempre antenados com as **oportunidades**.

Meu pai já foi treinador de beisebol, dono de pastelaria, dentre muitas outras funções e trabalhos. Em 1998, mesmo ano que meu irmão caçula nasceu, começou a trabalhar como corretor de imóveis. Pouco tempo depois, abriu uma rede de estacionamentos e, no ano 2000, teve a oportunidade de ser sócio de uma agência franqueada dos Correios. Eu tinha 13 anos na época, mas me lembro dele ter compartilhado comigo uma fala da minha bisavó: "Takeshi é muito esforçado, trabalhador, mas muda muito de profissão." Essa fala, segundo ele, o fez decidir que seria corretor de imóveis, que iria focar nisso, sem desistir da profissão. Nos anos seguintes, formou-se em Gestão de Negócios Imobiliários, fundou a

Ágil Imóveis, a Alliance Estacionamentos, e a Kintetsu Empreendimentos, e foi o momento de virada financeira da nossa família.

Até aqui vocês leram muito mais sobre o meu pai. **E onde a Sati entra nisso tudo?**

Nesse contexto familiar-empreendedor, meus pais sempre me levavam "para cima e para baixo" com eles. Tenho muitas fotos, ainda criança, "trabalhando" com eles na banca de revistas, no depósito de materiais etc. Um dos meus primeiros "freelas" foi na pastelaria que meu pai tinha arrendado, fazendo sucos aos fins de semana. Depois, já no Ensino Médio, ia diariamente ajudar na conferência de relatório da agência de Correios. De uma forma ou outra, eles sempre me envolviam nas atividades. Além disso, meus pais sempre incentivaram muito o estudo e o desenvolvimento pessoal. Isso fez uma enorme diferença.

Quando criança e adolescente sempre fui muito boa aluna na escola. Daquelas que se sentavam na primeira carteira, prestava atenção, anotava tudo. Era "supercaxias", fazia todas as lições e cheguei a fechar um ano no Fundamental com média geral 9,8 sendo que a pior nota era sempre em Educação Física. Quando saímos da escola particular para a pública, foi um choque de realidade. Eu estava na 5ª série, mas me lembro de pensar que agarraria todas as oportunidades possíveis de aprender para compensar o ensino público. Meus pais me matricularam no Kumon de matemática, onde a professora Elenice Ogassawara deu 2 orientações que, na minha visão, mudaram bastante minha trajetória:

1. eu era uma excelente aluna, porém muito retraída, precisava desenvolver outras habilidades interpessoais;
2. eu tinha muito potencial para fazer um teste de bolsa de estudos para o Ensino Médio.

Nos anos que seguiram, fiz diversas atividades extracurriculares, como: canto, dança japonesa, *street dance*, *taikô*, aula de japonês (*nihongakko*) na Acema (Associação Cultural e Esportiva de Maringá) — fundada para cultivar a cultura japonesa, da qual sou descendente. Ali, acredito que tive meus primeiros contatos com liderança, pois tínhamos o grupo de jovens "Lida-kai" da escola japonesa, no qual participávamos da colônia de férias, organizando e ajudando as crianças menores.

No final da 8ª série, prestei dois concursos de bolsa de estudos. Para o primeiro deles, me preparei durante muitos meses. Lembro-me do meu pai a me orientar que eu estudasse todos os dias, uma ou duas horas além do normal, pois se eu conseguisse sucesso, isso poderia impactar muito a minha vida. Nesse primeiro concurso, lembro-me de ficar muito nervosa ao ver tantos concorrentes (deviam ser mais de 200 alunos) e não cheguei entre os 10 primeiros colocados. Após a frustração, apareceu uma outra oportunidade, e nessa conquistei o 1º lugar no Colégio Objetivo, sendo agraciada com 100% de bolsa nos 3 anos de Ensino Médio. Foi um ótimo período de aprendizado, tive contato com muitas oportunidades de cursos extras, laboratórios e preparação para o vestibular. Ao mesmo tempo, continuei com as atividades na Acema.

Já adolescente, ajudei a fundar o *yossakoi soran* (grupo de dança japonesa) e participei por bastante tempo do *seinen-kai* (grupo de jovens). Nesses grupos, tive a oportunidade de participar na criação de eventos para divulgação da cultura japonesa e de muitos concursos de canto e shows de *taikô* pelo Brasil. Toda essa vivência com pessoas, lideranças, viagens e palcos, com certeza me ajudaram muito a desenvolver habilidades que atualmente são importantes na minha vida profissional.

No meio do "Terceirão" fui aprovada em Matemática na Universidade Estadual de Maringá (UEM). Cursei os 4 anos e, nesse meio tempo, fiz estágio em uma escola de informática, estágio em Licenciatura, dois projetos de iniciação científica e me formei no final de 2008.

Empreendedorismo

Minha primeira empreitada foi a festa de formatura da faculdade. Tradicionalmente, Matemática não é um curso em que muita gente se forma. Na minha turma entraram 84 alunos e, nos 4 anos regulares, apenas 5 se formaram. No dia da colação, havia umas 10 pessoas (juntando com turmas anteriores que se formaram em 5, 6, 7 anos). Como fazer uma festa de formatura se os alunos não sabiam se iriam se graduar? Foi desafiador mas, ainda assim, conseguimos!

Negociamos, fizemos rifas, vendemos convites e lembro-me que para um dos colegas eu tive que bancar e parcelar particularmente, pois ele queria desistir. Realizamos a festa com apenas 5 formandos. Uma festa simples, porém emblemática, com tudo que sonhamos: entrada dos formandos, jantar, banda, famílias reunidas e quase todos os professores do departamento compraram convites, pois nunca tinham visto uma festa de formatura exclusiva da Matemática. Ter liderado essa comissão de formatura com sucesso encerrou com chave de ouro meu ciclo na graduação.

No dia seguinte da festa de formatura, me mudei para São Paulo, pois já estava aprovada para iniciar a especialização. A minha ideia na época era fazer a pós-graduação em Administração de Empresas na FGV (Fundação Getúlio Vargas) e entrar para a carreira executiva dentro de alguma grande empresa. Minha experiência morando sozinha em São Paulo, trabalhando em uma editora de revistas e estudando na FGV, foi um divisor de águas.

Eu tinha um *netbook*, internet de *pendrive* e celular Nokia "tijolão" para ligações e SMS. Sem carro, andando de metrô e ônibus. Entrei para gloriosa bateria Tatu Bola da FGV, fui pela primeira vez em uma cervejada, participei de jogos universitários (Economíadas), aprendi a beber cerveja e, ao mesmo tempo, tive oportunidade de aprender sobre finanças com o ex-presidente do Banco Central, gestão de pessoas com professores com muita experiência em grandes empresas; pegar ônibus lotado para chegar ao trabalho. Foi uma época de grande crescimento pessoal. Em 2 anos, vivi a vida social de faculdade que não tive, aprendi muito sobre ficar sozinha, ser independente, fazer novas amizades, sobre gestão, sobre mundo corporativo e entendi que não queria seguir essa carreira, **queria empreender**.

No segundo ano da pós-graduação, iniciei o planejamento do meu retorno a Maringá. Então, no dia 20 de Dezembro de 2010, abri as portas da Ágil Imóveis – Unidade Colombo, em sociedade com meu pai. A essa altura, além dos empreendimentos anteriores que citei, ele já tinha sua imobiliária própria com outros sócios.

Desde o início, fiquei à frente da gestão da imobiliária e meu pai cuidando do setor de vendas. Tivemos diversos desafios ao longo desses anos: mudamos a marca para KAK Imóveis; iniciamos a administração de aluguel; mudamos de sede duas vezes. Entre 2017 e 2019, fizemos centenas de processos de desapropriação amigável em rodovias do

Paraná e, em 2022, criamos a Via Despachos Imobiliários. Em paralelo, também empreendi com outro sócio, Erick, no ramo de tecnologia. Foram mais de 10 anos de sociedade. Tivemos um *site* colaborativo de eventos, guia *on-line*, totens de recarga de celular, fomos sócios de um aplicativo pet, EaD, empresa de T.I. e fundamos, em 2017, a Aluggar, imobiliária digital focada em aluguel residencial.

O ano de 2023 foi de mudanças intensas nas empresas. Eu comprei a sociedade da Aluggar, meu pai Takeshi saiu da outra sociedade e unificamos o escritório das marcas KAK Imóveis, Aluggar, Ágil Imóveis e Via despachos Imobiliários. Lançamos um novo empreendimento e iniciamos o projeto para a nova sede das empresas, o grupo KAK.

Associativismo

Desde o início da minha jornada como empresária, busquei me apoiar em algum grupo. Poucos meses depois de começar a empresa, fui à ACIM (Associação Comercial e Empresarial de Maringá) e descobri que havia vários conselhos de empresários que se reuniam. Pensei em entrar para o ACIM Mulher e, quando liguei atrás de informações, sugeriram o COPEJEM (Conselho Permanente do Jovem Empresário), pois eu estava com 23 anos.

Foram 11 anos participando do Copejem e lá tive diversas oportunidades e experiências únicas, que me fizeram crescer muito como empresária e me tornar uma líder. Através de projetos como visitas técnicas, bate-papo com empresários de sucesso, mentorias, viagens, congressos, eventos e treinamentos pude trocar experiências com jovens empresários que passavam pelos mesmos desafios e preocupações que eu. Também pude me conectar com movimentos jovens regionais e estaduais, como a Cacinor e Faciap Jovem, e conhecer outras cidades e realidades.

Em 2023, assumi a presidência do Programa Empreender e do Conselho Empreender na Acim. Lá ajudamos a impulsionar empreendedores e suas empresas através da união do associativismo. Somos o maior Programa Empreender do Brasil, com mais de 1.200 empresas envolvidas, em 80 núcleos setoriais e multisetoriais e auxilio na gestão de um time de mais de 15 pessoas, que trabalham internamente para o programa.

Além disso, presido o Conselho do Empreender, composto por um representante de cada núcleo, mais de 80 pessoas que se reúnem mensalmente para desenvolver lideranças, trocar experiências e gerar representatividade para seus núcleos. Essa nova posição despertou em mim um tema que eu não dava importância anteriormente, a **liderança feminina**. Não julgava ser algo relevante, pois na minha criação nunca foi limitante ser mulher. Mas, em pouco tempo convivendo em círculos com lideranças importantes, percebi o quanto as mulheres ainda têm pouca representatividade e o quanto outras se inspiram por me verem à frente, tendo o reconhecimento pelo nosso trabalho.

Autoconhecimento e saúde

Se você chegou até aqui, conheceu um pouco da minha vida e trajetória profissional. Mas acho que o grande desafio da vida é conciliar tantas atividades e responsabilidades com vida pessoal e saúde. Nessa era em que queremos ser superprodutivos, estamos cercados de informações e redes sociais nos bombardeando de estímulos e *cases* de sucesso, parece que a vida é só isso. Mas não é. O sucesso profissional é apenas uma parte da nossa vida e não é a mais importante.

Depois de alguns períodos difíceis na vida pessoal e de desafios na empresa, mergulhei em tanto trabalho que eu sentia culpa em descansar. Trabalhava muito mais de 10 horas por dia, finss de semana, feriados e o corpo começou a dar sinais. Ficava doente com muita frequência e comecei a ter labirintite, que mesmo com toda a investigação médica, cheguei ao diagnóstico de estresse. Após anos de terapia, de achar que o estresse era algo normal e que a vida de todo mundo estava corrida (e não apenas a minha), eu realmente percebi e entendi que eu precisava mudar. Se eu não descansasse, o meu corpo ia forçar o descanso ficando doente, e pior, um descanso não programado.

Tenho apenas 36 anos, muita estrada pela frente e se eu quero ter empresas saudáveis, crescer, poder viver muitas experiências, viagens, ser uma boa líder e ajudar pessoas, eu preciso primeiro **ter saúde** para poder fazer tudo isso. Parece óbvio, mas acreditem, a execução não é tão simples. A vida, os projetos e as muitas atividades sugam a gente para um *looping* em que não colocamos a saúde como prioridade. Considero

2023 meu ano de virada de chave, onde me programei para cuidar de fato da minha saúde, estou aprendendo a descansar sem me sentir culpada e a achar que isso não é perda de tempo e, sim, um ganho.

Autoconhecimento, saúde e fé são as chaves para uma vida mais equilibrada, onde a gente pode sim, empreender, trabalhar bastante, mas também saber curtir a jornada, a família, amigos e VIVER. Se conhecer, saber sobre pessoas e desenvolver hábitos saudáveis (alimentação, descanso, atividade física) estão me ajudando muito no meu processo de me tornar a pessoa e a líder que quero ser. Afinal, se nem você investe em você, por que outra pessoa ou empresa investiria?

"

A pessoa que está na liderança precisa ter uma melhor capacidade emocional e física, pois é ela quem vai tomar as decisões mais difíceis.

Ana Satie Kakihata

Anna Clara

Sou Anna Clara Picolli Baldassi Alarcon, natural de Mandaguaçu/PR, e hoje resido em Maringá/PR com a minha família: meu marido Anderson, com quem sou casada há 1 ano, meu filho Benjamin e meus enteados Monalisa e Moises.

Sou advogada há 11 anos e desde formada prestei serviços a uma instituição financeira, encerrando recentemente este ciclo. Paralelamente, atuei na área criminal por 8 anos.

Em 2019, comecei a atuar na área do Direito Agrário e juntamente com minha amiga Aline criamos uma marca, a Elas no Agro, que me possibilitou dar palestras pelo Brasil e ajudar mulheres a terem consciência de que podem ocupar os espaços os quais possuem capacidade para estar. Empreendo na área da estética desde 2021.

Mas chegar até aqui não foi uma tarefa fácil, passei por situações devastadoras e quase desisti. Com amor, terapia e muita fé, tomei uma postura diante da vida e de cabeça erguida eu pude mudar toda a minha história.

annaclara.adv

elasnoagro.pr

alamethod

annaclara.adv@gmail.com

MULHERES QUE REALIZAM

ENSIMESMAR-SE

05

Por Anna Clara

Por muito tempo pensei o que eu poderia escrever, rezei, pedi a Deus que me usasse para que eu colocasse as palavras certas e tocasse outras pessoas, para que tivesse um propósito maior e não apenas letras soltas.

Eu sou a Anna, Anna Clara, Clara, Clarinha, amor, filha, tata e até mamãe. Apenas uma mulher comum, que apesar de tudo é imensamente feliz e realizada em estar exatamente aqui neste lugar.

O poder da palavra é tão impressionante que, olhando pelo retrovisor, um dia disse a mim mesma: "Um dia ainda vou contar minha história e poder incentivar outras pessoas a nunca desistirem, a não se entregarem ao caos, ao vitimismo e à negatividade", e aqui estou.

Minha mãe parou de trabalhar quando eu nasci. Inconscientemente, carreguei por muito tempo o peso dela ter abdicado sua vida profissional para dedicar-se à família, a mim, que acabara de nascer, e posteriormente ao meu irmão. Eu me questionei muitas vezes como seria sua vida, a minha e de minha família se ela não tivesse feito essa escolha e, ao mesmo tempo, agradeço imensamente a Deus por todo cuidado e amor que recebo todos os dias, tanto dela quanto de meu pai. Ele hoje é aposentado e empresário, mas a vida inteira (30 anos) trabalhou para uma instituição financeira e quase não tenho lembrança de momentos que vivemos juntos em minha infância, pois a sua vida sempre foi trabalhar.

Morávamos em Mandaguaçu, interior do Paraná, estudei em uma escola de freiras e vivia solta pelas ruas com amigos, quando não estava no sítio dos meus avós. Que infância feliz! Na época não havia celular, internet, telas, nada que nos tirasse da verdadeira essência. Até meus 15 anos ainda brincava de Barbie, pasme! Como era bom ser criança! Lá vivi até meus 13 anos, pois mudamos de cidade algumas vezes em razão do trabalho do meu pai.

Quando estava para ingressar na faculdade, meu pai foi transferido para uma cidade a 250 km de Maringá, foi onde eu dei o primeiro passo em busca do que almejava para minha vida. À época, já com 17 anos, decidi ficar em Maringá para poder iniciar o curso de Direito. Meus pais me visitavam a cada 15 dias. Foi difícil, quantas vezes me senti só, chorei, e não havia ninguém para me consolar. Amadureci na marra.

No segundo ano de faculdade, comecei a fazer estágio no Banco Bradesco e lá permaneci literalmente até ontem, encerrando esse ciclo, importante (mas desgastante) de minha vida. Comecei minha carreira como advogada na área criminal e atuei por 8 anos a fio.

Iniciei um relacionamento e, pouco tempo depois, descobri que estava grávida. Foi um choque. De família tradicional, meu pai ficou meses sem falar comigo, foi uma grande tristeza e minha barriga não cresceu enquanto não consegui contar a então novidade para ele, conseguindo fazer isso somente quando já estava de praticamente seis meses. Eu não sabia se ficava feliz por ter sido abençoada e estar gerando uma vida ou se ficava triste pela decepção que estava dando a minha família (eu ouvi isso de meu pai, o que me marcou profundamente). Só de lembrar me dá vontade chorar.

E aí é que temos que olhar com amor para a história das pessoas. Nesse momento, o meu pai enfrentava uma depressão por ter sido mandado embora do banco após 30 anos de dedicação, não foi fácil para ele. Sei que, no fundo, ele não estava decepcionado comigo, mas tinha outra expectativa para minha vida, imaginou que eu namoraria, casaria, para depois ter filhos, e não que eu inverteria a ordem. Mas Deus é bom. Não nos damos conta sobre o **seu poderoso agir e nos esquecemos que Ele faz por nós muito mais e melhor do que imaginamos, pedimos ou pensamos**. Eu sou prova viva desse amor.

Os meses se passaram e meu filho nasceu, meu tão esperado filho Benjamin. Quando o meu pai o segurou no colo pela primeira vez, eu pude ver o brilho em seus olhos voltar e todo o desânimo por ter saído do emprego deu lugar a um amor incondicional pelo neto. E hoje, 9 anos depois, são grudados um no outro e dou graças a Deus também por isso. Tenho certeza de que Ele trouxe meu filho ao mundo para trazer meu pai de volta e escrevo isso com lágrimas de gratidão nos olhos.

Os dias foram se passando e, em pouco tempo, o pai do meu filho decidiu que iríamos nos casar no civil, para que tivéssemos uma "família feliz". Eu não fazia ideia do que viria pela frente. Dois anos depois, tudo ruiu. Fui traída da pior forma que uma mulher poderia ser. Não tive tempo de derramar uma lágrima, eu só pensava em meu filho e como seria dali para frente.

Estava no auge da minha carreira, escritório próprio, carteira de clientes consolidada, o que eu ia fazer da minha vida? Havia algumas escolhas: desistir, chorar, lamentar, me questionar sobre o que fiz de errado, esbravejar, tirar satisfações. Mas eu fiz uma escolha que mudou toda a minha vida: me separar.

O primeiro passo foi procurar uma psicóloga para saber como lidar com tudo dali para frente, pois eu só pensava em meu filho. Uma separação causa traumas irreversíveis em uma criança e a partir dali eu tinha uma missão: fazer com que meu filho vivesse uma vida feliz, independente do formato da família que seríamos dali para frente.

Eu precisava trabalhar, não tive tempo de me vitimizar. Me recordo que no dia seguinte atendi clientes, fiz audiências, não pensei no que estava acontecendo. Voltei para a casa dos meus pais, que nos receberam com o maior amor desse mundo e me ajudaram a cuidar do Benjamin para que eu pudesse continuar trabalhando e vivendo de forma digna.

A tristeza me visitava, mas eu sempre tive claro em minha mente quem eu queria ser e onde eu quero e vou chegar. É aí que precisamos ter a consciência de que a atitude do outro diz sobre o outro e não sobre você. Por mais que muitas vezes eu me perguntasse: "Por que estou passando por isso?", a pergunta que eu passei a me fazer foi: "PARA QUE ESTOU VIVENDO ISSO?". Então as coisas começaram a fazer sentido.

É necessário passar por determinadas situações que não queremos, no momento não entendemos, mas depois tudo fica claro. Afinal, "os humilhados serão exaltados". Eu sempre tive a certeza de que Deus estava me preparando para o que ele realmente tinha planejaado para minha vida. Então me dei conta que eu tive que passar por esse momento que me destruiu por dentro, que acabou com minha autoestima, que me fez duvidar da capacidade de dar a volta por cima, e sobretudo de amar novamente, para me fortalecer.

Foi muito difícil. Tive momentos de necessidade de validação, especialmente como mulher, que tinha capacidade de viver, sair, me divertir, conhecer pessoas e por seis meses da minha vida eu decidi aproveitar a minha então fase solteira. Que decepção. Um mundo vazio, superficial, de valores distorcidos, "amores líquidos", como dizia Bauman, tudo isso me levando para longe da vida que eu queria para mim e para meu filho. Essa fase durou exatos seis meses.

Fui me aproximando cada vez mais de Deus, passei a frequentar o grupo de oração e minha vida passou a ser focada 100% em trabalho e no meu filho. Um tempo depois conheci o Anderson, hoje meu marido. Um homem de valor, temente a Deus, recém-separado e com dois filhos no pacote. Pensei: "Onde estou me metendo novamente?". Veja, eu recém-separada, cheia de traumas e com pensamentos constantes de que todas as pessoas se aproximavam de mim para me enganar.

Foi doloroso, afinal, "pessoas feridas ferem". Mas ele me acolheu e sugeriu que eu fizesse terapia. No início eu resisti, pois é difícil aceitar que precisamos de ajuda. Mas eu queria e precisava mudar. Iniciei a terapia. Ah, se as pessoas soubessem o quão libertador é ter uma terapeuta para chamar de sua. Faço terapia há 5 anos e meu único arrependimento foi não ter começado antes.

Precisamos olhar para dentro de nós e parar de atribuir a culpa que é somente nossa, aos outros. "Ah, mas eu sou assim por causa do meu pai", ou "porque minha mãe é isso ou aquilo". Não! A vida não perdoa quem se faz de vítima de tudo e de todos. Mas ninguém está imune a traumas, seja por situações vividas ou até mesmo por sua criança interior que está ferida. Se não conseguimos identificar e superar sozinhos, tenhamos a mente aberta e a sabedoria para buscar ajuda.

Depois disso, meu relacionamento pessoal e profissional melhorou significativamente, pois entendi que ninguém me deve nada, que preciso me curar, que é tudo sobre mim e não sobre o outro e que, muitas vezes, precisamos mudar em nós aquilo que queremos ver no outro. A partir de então, emocionalmente melhor (em tratamento), eu precisava continuar focada em meu trabalho e meu crescimento profissional, afinal, tinha um filho para prover.

Nesse meio tempo, minha amiga Aline surgiu e me convidou para abrirmos um escritório na cidade em que ela morava, São Jorge do Ivaí/PR para atuarmos na área do agronegócio. Na hora pensei: "Ela só pode estar brincando", pois eu atuava na área criminal há anos e, paralelamente, prestava serviços a um banco, absolutamente distante do agronegócio, no qual meu único contato era nas férias, na casa dos meus avós. Apesar de ser neta de produtores rurais, nunca tive incentivo para sequer auxiliar em questões ainda que jurídicas na área.

Mas o meu sobrenome é "pronto", primeiro eu topo, depois vejo como faço. E assim o fiz. Pedi um prazo a ela para que eu pudesse me especializar na área e enquanto isso alugamos a sala e montamos nosso escritório, que foi de vento em popa. Expandimos e abrimos uma segunda filial em Maringá. Estávamos felizes e realizadas.

Depois de tudo fluindo, mais um baque: a pandemia. Aos trancos e barrancos conseguimos atender nossos clientes e curiosamente passou a ter uma grande demanda de mulheres viúvas, e filhas e filhos sem a mínima noção de uma propriedade rural.

Foi aí que depois de muito debatermos sobre tal situação, chegamos a uma conclusão: faltava incentivo a essas pessoas e precisávamos tomar alguma atitude para poder ajudar a capacitá-las. Então surgiu o "Elas no Agro", um projeto de incentivo à capacitação da figura feminina no campo. O intuito do projeto nunca foi de empoderar ninguém, íamos de encontro a essa vertente, pois sempre tivemos em mente que **a mulher não pode estar onde ela quiser, mas onde ela está capacitada para estar**. E capacitamos muita gente nesta caminhada, ajudamos muitas mulheres a se posicionarem na vida.

Realizamos cursos, parcerias, palestras no Brasil todo, eventos, registramos a marca no Inpi, atuamos por dois anos, mas tivemos que dar uma pausa, seja pelo preconceito como também por pessoas erradas que surgiram no caminho nos apunhalando pelas costas. Nesse interregno, fechamos o escritório em São Jorge do Ivaí e mantive somente meu escritório em Maringá.

Meses depois, em uma das viagens com meu marido para Madrid, conheci a I-Motion Group, que fabrica equipamentos de eletroestimulação, o que "fez meu olho brilhar". Já que meu sobrenome é "pronto", convidei minha amiga Livia, esteticista, e fechamos parceria criando juntamente com meu marido o Ala Method, que hoje se transformou em um estúdio de produção de conteúdo e aplicação de sessões juntamente com minha cunhada Anay.

Em 2023 me casei, formei minha tão sonhada família, e novamente surgiram novos desafios: eu que estava há anos morando com meus pais, que me ajudavam com tudo, de repente, esse tudo passou absolutamente a depender de mim. Surtei. Tive crises existenciais, pensei em desistir. Então meu marido me chacoalhou: "Anna, quem quer fazer tudo, não faz nada. Diga não para o que te tira do seu foco. Eu estou aqui para te apoiar".

Então percebi que por querer abraçar o mundo, eu estava sobrecarregada, exaurida e com o *plus* de ter um lar para administrar. Ou eu aprendia a dizer alguns "NÃOS", ou alguma área da minha vida iria sucumbir. Decidi encerrar o ciclo no Bradesco e foquei em meu escritório e no estúdio de eletroestimulação (por ora - risos).

Passei a levar a vida mais leve, encher o meu coração de gratidão, apreciar os pequenos momentos, afinal, o que eu vivo hoje já foi uma resposta de oração: sou casada um com grande parceiro, um filho lindo, moro na casa dos sonhos, viajo o mundo, tenho saúde, pais maravilhosos, trabalho digno, o que mais poderia querer?

Descrevi tudo isso para dizer que a não ser a morte, na vida nada é definitivo, vivemos uma montanha-russa com altos e baixos e assim como as quedas da montanha-russa, os **momentos difíceis não são definitivos**. Temos que olhar para dentro de nós e entender quem somos, confrontar nossas emoções, experiências, nossos traumas, medos, e então encontrar a cura e crescer. Só assim nos conectamos com nossa essência mais profunda e aprendemos a honrar nossos valores e propósitos.

Dê-se valor e o imponha. Tenha uma postura positiva perante a vida e comece a enxergar as oportunidades ocultas por trás das adversidades, sassim, abrirá espaço para construir uma vida plena e significativa.

Ninguém vai fazer isso por você. No final, é você contra si mesmo, e se você não consegue mudar o ambiente em que convive ou em que trabalha, mude de ambiente. Cuide-se, alimente sua mente e seu coração, se preencha do amor de Deus, entregue sua vida e seus problemas a Ele, independente de sua crença, e você testemunhará as maravilhas que vão acontecer em sua vida.

E não se cobre tanto. Não seja a "mulher guerreira", a vida não tem que ser uma batalha. Isso não significa que você seja fraca, passiva ou menos capaz. Na verdade, ser autêntica consigo mesma e abraçar quem você é verdadeiramente é uma forma de força em si mesma. Cada mulher tem sua própria jornada e é importante respeitar e valorizar todas as escolhas e caminhos individuais.

Você não precisa ser uma guerreira para ser uma mulher forte, poderosa, inspiradora e realizadora. Seja fiel a si mesma, explore suas próprias qualidades e encontre sua própria definição de sucesso e realização.

“

Olhe para si com amor e reconheça o seu verdadeiro valor, pois é em sua essência que está a chave para a felicidade e a realização plena.

Anna Clara

Bruna Gil Ferreira

Meu nome é Bruna Gil Ferreira. Sou médica oftalmologista, cirurgiã de retina e empreendedora social. Vim do interior de São Paulo, mas hoje vivo viajando pelo Brasil. Eu, Ralf, meu marido, e nosso time dirigimos a Renovatio, uma organização não governamental que leva saúde visual a populações vulneráveis econômica e socialmente em todos os estados do Brasil. É um *case* de sucesso que começou em 2014 e já conseguiu atender quase meio milhão de pessoas.

Sempre fui movida por desafios e empreender foi uma novidade que cruzou o meu caminho quando ainda estava fazendo residência na UNICAMP. Eu e meus companheiros de Renovatio queríamos mudar o mundo. Conseguimos mudar a vida das pessoas com atendimento oftalmológico de qualidade gratuito e doação de óculos de grau. Para nossos pacientes, isso significa, muitas vezes, futuro, esperança de ver a vida sem as limitações de problemas visuais.

brunagilf

bruna@renovatio.org.br

Bruna Gil Ferreira

MINHA VIDA PELAS LENTES DA OFTALMOLOGIA

06

Por Bruna Gil Ferreira

O desafio sempre me fascinou. Eu escolhia aprender o mais difícil, realizar aquilo que parecia mais complexo. Eu sabia onde queria chegar, traçava o caminho e seguia até o meu objetivo. Foi assim inclusive com a Medicina.

Talvez isso tenha origem nas aulas de alfabetização que meu pai ministrava a mim quando eu tinha apenas 2 anos de idade. Ele escrevia as letras bem grandes, em preto e branco, e me ensinava a desenhá-las. Ele lia livros do tipo "Como tornar seus filhos gênios" e aplicava as técnicas em casa.

Meus pais são de Penápolis, interior de São Paulo, mas se mudaram para a capital antes de eu nascer. Sem a rede de apoio familiar dos meus tios e avós, eu e meu irmão mais novo ficávamos com a empregada para que eles trabalhassem fora. Ela, dentista. Ele, engenheiro civil. Eles trabalhavam em longas jornadas, eu e meu irmão cuidávamos um do outro.

Estudar era a lei. Meus pais nos incutiram a importância da educação desde cedo e sempre. Meus avós, tanto paternos quanto maternos, não tiveram muito acesso à escola, e a maioria de meus tios não frequentou a universidade. Meu pai e minha mãe estudaram em colégios públicos e se formaram na UNESP e na USP. Eles sempre foram exemplos para mim e meu irmão.

Sempre fui de poucos e bons amigos, nunca a popular da escola. Era mais a "*nerd*", muito competitiva e achava que sempre devia ficar em primeiro lugar. Exigia muito de mim mesma.

Encantada e desafiada pela Medicina

Desde criança, a medicina me encantou. Na adolescência, ela me desafiou. Era o curso mais concorrido, para o qual mais se tinha que estudar, mas era também a profissão em que me via. Queria fazer algo pelo próximo, para melhorar a situação da saúde no mundo. Anunciei aos meus pais, então, que queria trabalhar com Médicos sem Fronteiras, em locais desassistidos e regiões de guerra. Mas essa ideia deu lugar a outra.

Meus pais me incentivaram a descobrir o mundo. Isso incluía viagens ao exterior que fazíamos dentro das possibilidades financeiras que tínhamos. Eu comecei a estudar inglês aos 6 anos de idade e quando viajávamos já conseguia fazer *check-in* nos hotéis e me comunicava com os nativos em restaurantes. Virei a "intérprete" para meus pais, que não falavam bem a língua. Aos 14 anos, eles me incentivaram a fazer intercâmbio. Assim, meu presente de 15 anos não foi uma festa, mas sim o intercâmbio no Canadá, onde pratiquei o inglês e aprendi francês.

Ser aceita no curso de Medicina significava estudar muito. Aos 13 anos, eu li uma matéria na revista Veja sobre o Colégio Santa Cruz, um dos melhores de São Paulo, porém era necessária a aprovação numa prova para ser admitida. Estudei por conta própria e passei para o Ensino Médio. Meu alvo seguinte seria o vestibular. Consegui aprovação simultânea em três faculdades públicas de Medicina. Escolhi a UNICAMP e foi a melhor decisão da minha vida.

Aos 17 anos, deixei a casa dos meus pais

Encontrei na UNICAMP amigos que se tornaram minha família. Quase todos havíamos nos mudado sozinhos para Campinas e nos tornamos muito unidos.

Estar no mundo por minha própria conta, para arcar com minhas decisões, com meus erros e acertos, me fez deixar aquela menina tímida para trás e me jogar nas oportunidades. Foi um período maravilhoso aquele passado na faculdade, mas eu precisava me decidir sobre qual especialidade seguir.

Não ter definido essa questão *a priori* revelou-se uma vantagem para mim, pois eu aproveitei para aprender o máximo sobre cada área. Escolhi oftalmologia porque sou uma pessoa extremamente prática, que gosta de encontrar soluções. Na oftalmologia, temos o domínio de todo o processo: consultamos o paciente, fazemos anamnese, realizamos os exames necessários, operamos, acompanhamos o pós-operatório e damos alta. O mais gratificante de tudo é devolver a boa visão às pessoas, pois ela é o sentido que mais nos faz comunicar com o mundo.

A residência na UNICAMP foi um período exaustivo e turbulento. Infelizmente, a graduação nos dá pouco contato com a oftalmologia e é preciso começar do zero na especialidade. Foi como se eu abdicasse do que sabia até então e reiniciasse os aprendizados. Eu estava bem perdida. Foi aí que recebi uma ligação telefônica e a ONG Renovatio entrou na minha vida.

Construindo um caminho para a oftalmologia social

Era uma sexta-feira à noite, há exatos 8 anos. Recebi uma chamada do secretário da ONG, que eu não conhecia até então. Uma amiga havia me indicado. Ele me explicou que a Renovatio trabalhava com doação de óculos para populações vulneráveis econômica e socialmente. Adiantou logo que haveria uma ação naquele fim de semana, numa comunidade carente, e que precisavam de mim.

Aquele sonho de atuar na organização Médicos Sem Fronteiras me veio à mente. O que estava na minha frente agora era uma proposta de oftalmologia social, para quem mais precisava e não tinha acesso a ela. Vi que estava frente a frente com um convite que poderia mudar meu destino. O médico que atenderia naquele final de semana havia cancelado sua participação, e minha presença era fundamental. Aceitei de pronto.

Pedi a uma amiga que terminasse o plantão para o qual eu estava escalada e fui para São Paulo, direto do hospital. Guiando pelo GPS, cheguei à comunidade. A primeira reação foi de medo, pois estava no meio de uma favela. Medo de ser assaltada, de ser sequestrada, de ter caído em um golpe. Mas, afinal, encontrei o pessoal da Renovatio.

O projeto era desenvolvido ali, em cima do morro, em um ônibus que possuía dois consultórios oftalmológicos. Os pacientes já aguardavam o atendimento na fila. A ONG havia surgido de um projeto na faculdade e era comandada por alunos do Insper. Moradores de rua montavam os óculos, que tinham tecnologia alemã e eram muito duráveis. O objetivo era gerar renda aos montadores e entregar os óculos de graça aos pacientes, que os recebiam logo após a consulta com o oftalmologista. Eu era a peça que faltava para fechar o ciclo.

Um grupo da Alemanha estava fazendo um documentário sobre o trabalho da Renovatio neste dia. Era o pessoal que financiava a ONG. Terminamos os atendimentos na comunidade e eles me chamaram para ir ao Amazonas, fazer aquele trabalho no meio da floresta, para atender ribeirinhos, no próximo final de semana. Mais uma vez: aceitei de pronto. Organizei na residência e fui.

Rumo à Floresta Amazônica

Cheguei a Manaus numa madrugada de sábado. Mal sabia eu que esse bate-volta São Paulo-Amazonas seria o primeiro de muitos. De manhã, alugamos uma "voadeira", barco que navega rápido pelos rios da floresta e atendemos todos os pacientes que conseguimos em uma comunidade a 200 quilômetros da capital. O consultório foi montado dentro de uma igreja e nós dormimos em colchões infláveis em uma escola da comunidade.

Desde a primeira viagem, fui acompanhada pelo Ralf Toenjes, um dos criadores da ONG, que hoje é meu marido. No começo, não tínhamos estrutura alguma. Alguns aparelhos para exames que usávamos eram emprestados à ONG. Tomávamos o maior cuidado com tudo. Para despachar os equipamentos, os embrulhávamos em cobertores, com travesseiros e almofadas, em grandes malas que pegávamos emprestadas dos nossos pais. Nas comunidades, eu fazia as consultas e o Ralf montava os óculos.

Queríamos mudar o mundo de todas as formas que estivessem ao nosso alcance. E lutamos bravamente para isso. Nossa juventude dizia que isso era, sim, possível. Na ONG, eu me encontrei, vi meu conhecimento fazer a diferença entre a população carente. Na maior parte das localidades aonde chegávamos, nunca havia estado um médico antes.

Muitas histórias para contar

Ao longo desses oito anos, colecionamos inúmeras histórias emocionantes. Pessoas que tiveram suas vidas transformadas com o nosso trabalho. Uma delas foi a da dona Suzana, uma senhora de pouco mais de 70 anos, que voltou a costurar depois de receber um par de óculos da Renovatio. Ela é a matriarca de uma comunidade isolada no Amazonas. Fomos atender no vilarejo dela pela segunda vez e quando lhe perguntei pelos óculos, ela me levou até sua casa.

Na cozinha, em um pote de vidro, onde dentro havia uma lata e dentro dessa lata estava uma meia. E lá estavam os óculos embrulhadinhos. Ela disse que era seu tesouro, uma joia rara, que a fizera ver novamente, voltar às costuras e enxergar as letras miudinhas. Fiquei emocionada e só consegui dizer a dona Suzana que usasse mais seus óculos, pois isso não iria gastá-los, como ela temia.

Outro acontecimento que me marcou foi ter me deparado, em um domingo de manhã, numa comunidade ribeirinha, com o drama de uma avó que havia remado por oito horas para trazer seu neto para atendimento médico. A criança tinha menos de dois anos de idade e estava toda rígida, com o pescoço jogado para trás. Meu diagnóstico: meningite. Falei para o Ralf que precisávamos viabilizar a ida daquela criança para Manaus naquele exato momento.

Tivemos que tomar uma decisão difícil. Toda a estrutura estava montada, muita gente para atender e não podíamos desativar tudo. Além disso, só havia uma voadeira. Resolvemos dar nossos cartões de crédito para o motorista do barco para que ele levasse a avó e a criança ao hospital em Manaus. Assim ficamos no meio da floresta, sem nenhum sinal de celular, sem os cartões e sem o barco para voltar, tudo em suspenso, só esperando que aquela nossa ideia desse certo. E felizmente deu. A criança foi socorrida a tempo, estava realmente com meningite, e ficou internada em companhia da avó. O motorista abasteceu o barco e voltou para nos buscar.

Fellow no Canadá

Minha residência continuava. E eu procurava me aplicar ao máximo nos estudos, no trabalho na UNICAMP e na Renovatio. Ainda fazia plantões para ganhar algum dinheiro. Em meio às demandas da residência, me inscrevi para um *fellowship* no Canadá. É uma espécie de pós-graduação, de uma sub-especialização. Enfrentei uma concorrência de mais de cinquenta pessoas para uma vaga e passei, flertando mais uma vez com o desafio.

Era um sonho fazer aquele *fellow*. Eu iria me tornar uma médica com formação ainda melhor, depois de seis anos de medicina, três anos de residência em oftalmologia e mais dois anos naquela especialização em retina. Além disso, morar no exterior era uma oportunidade de viver outra realidade, em um país que tem um dos melhores sistemas públicos de saúde do mundo. Na entrevista a que me submeti, o meu trabalho na Renovatio se destacou. O entrevistador o considerou um diferencial e, como tinha me saído bem em todas as outras exigências, fui escolhida.

No Canadá, tive que lidar com muitas dificuldades. A especialidade em retina é muito desafiadora, pois trata-se de pacientes graves, com patologias que levam à cegueira, em muitos casos. O idioma era o francês, língua que eu sabia, mas não dominava. Mas o mais difícil era a carga de trabalho. No Canadá, eu realizei cerca de 2 mil cirurgias de retina, um número muito impressionante, mesmo para cirurgiões experientes.

Eu chegava ao hospital às 7h e saía após as 23h, todos os dias. Além disso, eu retornava ao hospital durante as madrugadas para avaliar casos urgentes. Nesta época, eu dividia os plantões com outro colega *fellow*, que saiu do programa por problemas de saúde. A saída dele coincidiu com a chegada da covid, quando eu fiquei sozinha. Fiquei como única responsável pela escala completa de plantões. Isso significa que eu estava de plantão 24 horas/dia, 7 dias/semana, sem ninguém para dividir.

Além disso, todos os médicos foram proibidos de sair do país, inclusive eu. Mais ainda: ninguém podia entrar no país, nem mesmo meus pais e o Ralf, na época meu noivo. Provavelmente, foram os 2 anos mais difíceis da minha vida, mas os mais recompensadores. De tanto trabalho, esquecia de comer: voltei do Canadá com 43 kg. Mas o sacrifício valeu a pena. Regressei ao Brasil com muitas histórias para contar, muitos obstáculos superados, com super autoconfiança. E o mais importante: com muito conhecimento, com as melhores técnicas cirúrgicas que utilizo hoje para devolver a visão aos mais necessitados.

Ao voltar para o Brasil, muitas oportunidades se abriram. Eu me dediquei à Renovatio como diretora médica e fui chamada para trabalhar em hospitais de excelência. Hoje, divido meu tempo entre a Renovatio, meus pacientes e o centro cirúrgico.

Com a Renovatio, mudamos o mundo de milhares de pessoas. Em seus 10 anos de história, atendemos cerca de 400 mil pessoas, levando aos mais recônditos locais do país e a periferias de grandes cidades médicos oftalmologistas, exames de ponta e doando óculos para todos os que necessitam. Temos mais de 20 unidades de atendimento, mais de 300 funcionários e aparelhos de última geração. Com a Renovatio, já atendemos em 25 estados do país. Nesse trabalho, me realizo todos os dias como diretora médica, mas sem perder o contato com as pessoas nas ações de saúde realizadas.

Hoje, a Renovatio faz parte de uma aliança: a *Juntos pela Visão*, com o Instituto Suel Abujamra e Instituto Verter, as quais também lidero; juntos, formamos a maior rede de cuidados oftalmológicos da América Latina. Também sou Head de Oftalmologia de uma instituição global: a GoodVision International, que leva saúde oftalmológica para 15 países, incluindo África, Ásia e América Latina, da qual a Renovatio é parte. E por fim, recentemente fundei o CIEP, um centro responsável por fazer pesquisa em impacto social.

No meu consultório e no centros cirúrgicos onde atuo, prezo por uma medicina de qualidade e humana, pois é nisso que acredito. As técnicas que aprendi e utilizei no Canadá são algumas das ferramentas com as quais meus pacientes podem contar. Depois de toda uma jornada pela oftalmologia, hoje aprendi a lutar contra a cegueira todos os dias, me realizando e prestando serviço ao próximo, ao devolver a visão às pessoas. Afinal, desafiar a vida tem seus percalços, mas poder chegar onde se quer pelas próprias pernas não tem preço.

E essa sou eu, uma moeda com duas faces: o lado médica e o lado empreendedora social; e não consigo me ver de outra maneira.

E você, qual é o seu desafio? E qual o seu plano para vencê-lo?

“

Escolha o seu
próximo desafio,
trace o seu
caminho e lute
todos os dias para
vencê-lo.

Bruna Gil Ferreira

Denise Bueno

Arquiteta, palestrante, empresária do ramo de informática, empreendedora no mundo da arquitetura e *design*, professora, mãe e outros inúmeros rótulos a sua escolha.

Nasci arquiteta e empreendedora. Falo isso porque crio negócios e casas desde criança. Nunca enxerguei uma empresa e nem a arquitetura separada das pessoas e histórias que as habitam. É essa paixão, essa poesia, é esse olhar para o ser humano, para suas dores e necessidades que me move. O respeito pela história de cada um que chega e o abraço em cada um que vai são minhas principais prerrogativas, tanto ao projetar quanto criar um processo de gestão em qualquer uma de nossas empresas: Arquitetura ao Cubo, Fora do Cubo, Nok Nok Design e Arquitask.

Prazer, sou Denise Bueno, humana, sensível, criativa e afetiva. Aquela que ajuda as pessoas a encherem suas casas de alma e magia.

debuenoarq

dbarquiteta@gmail.com

+55 (44) 99107-4010

MULHERES QUE REALIZAM

A FORÇA DO AMOR, DA OBSERVAÇÃO E DA CORAGEM

07

Por Denise Bueno

Vamos lá: observação, coragem e amor são três ferramentas que meu pai sempre ensinou e pude constatar a verdade na experimentação. Fui criada no sítio, sem água encanada e energia elétrica. Vivíamos praticamente com o que cultivávamos no quintal. Lembro-me da minha mãe buscar água no rio para lavar roupa e do meu pai cortando lenha para cozinhar. Naquela época, não entendia muito bem as coisas, mas achava incrível ter tanto espaço para brincar. Morávamos em uma casa simples, de madeira, que tinha o maior luxo da vida: o afeto.

Ah, minha infância! Onde cada espaço era preenchido com esse tal afeto e cada falta era preenchida com criatividade. Na falta da geladeira, o amor morava na carne que minha mãe armazenava na lata de gordura para não estragar. E no chuchu que dava em quilos ao lado da janela, que ela cozinhava no meio do feijão para não faltar vitaminas. Na música que cantava comigo enquanto esfregava a roupa suja. No assobio bem característico do meu pai chegando da lavoura, todo sujo e cansado, mas com um sorriso no rosto e braços abertos.

Lembro-me do meu primeiro presente de Natal. Eu tinha por volta dos 6 anos e ganhei um jogo de canetinha de 6 cores! Foi como se eu tivesse o universo inteiro na ponta dos meus dedos. A partir dali eu poderia colorir meu mundo com todo aquele afeto que eu vivia e imaginava em minha mente criativa. Adorava desenhar casas. Aliás, sempre gostei do universo da arquitetura, antes mesmo de saber que todas aquelas casas de chaminés e coraçõezinhos na janela levavam o título de arquitetura.

Dizem que a criatividade é um dom, talvez eu tenha nascido com ele, mas aprendi muito sobre isso através da escassez. Muitas pessoas enfrentam limitações e se conformam com suas circunstâncias, caindo em um ciclo de vitimismo, reclamações e justificativas e eu sempre acreditei que diante da vida temos duas opções: justificar ou realizar, e realizar foi a minha escolha, inspirada pelo exemplo dos meus pais.

As dificuldades que enfrentei foram justamente o que me impulsionaram a crescer. Aos 8 anos, já tinha um espírito empreendedor: enquanto minhas amigas brincavam de boneca, eu era a dona do restaurante onde elas levavam suas bonecas para comer. Lá, criava novas receitas em pratos decorados com frutas do meu quintal e dos vizinhos (espero que eles nunca saibam que eu pulava o muro para pegar goiabas e mangas). Mas naquela época, eu não tinha muita consciência de que essas criações me preparavam para o futuro de empreendedora.

O primeiro negócio que criei foi por volta dos 9 anos. Não tinha dinheiro na época e criei uma coleção de restos de pratos, xícaras e copos que encontrava enterrados nos quintais. Criei demanda conseguindo despertar nos amiguinhos essa nova "necessidade" de ter uma coleção de cacos de vidros. Ali já nascia meu espírito de liderança... então comecei a negociar e a colocar valor nas porcelanas: as mais decoradas, com florzinhas, valiam mais. Fui treinando, sem saber, minha mentalidade empreendedora. Não sabia da teoria, mas já experimentava na prática a máxima de que é nas dificuldades e problemas que nascem os melhores negócios, aliás, todo negócio só existe para suprir uma necessidade, onde há um problema, sempre há uma grande oportunidade de negócio.

Continuemos... meus problemas começaram quando entrei na escola. Imagine só: eu vivia em um mundo sem limites, onde minha imaginação e criatividade fluíam livremente. Sempre encontrava soluções para os problemas do meu universo infantil. Mas tudo mudou quando comecei a conviver com mais pessoas. Meus pais se mudaram para o Distrito Marisa, uma vila próxima ao sítio. Foi lá que comecei a enfrentar as adversidades da vida, as críticas e os rótulos: como podem ser destrutivos! Talvez você se identifique com isso.

Eu não gostava da cor rosa, de usar saias ou brincar de jogos considerados femininos. Nem tinha uma boneca de verdade, apenas as bonecas de espiga de milho que meu pai trazia da roça e eu desenhava olhos nelas com minhas "super" canetinhas de seis cores. Mas é incrível como não se encaixar em um padrão realmente incomoda as pessoas. Talvez porque elas carreguem uma tremenda dor por terem tido que se espremer em rótulos e padrões também.

"Ei, você é uma menina, comporte-se como uma menina!", "Céu laranja? O céu é azul, menina!", "Você parece um moleque, cadê a delicadeza de menina?", "Menina não sobe em árvore", "Você devia abraçar mais, ser mais carinhosa!" (uma régua na cabeça na aula de matemática), e assim a gente vai se bloqueando... "Não seja sensível, vão passar por cima de Você!", "Você nunca vai conseguir, ninguém na família conseguiu passar na UEM!", "Virou blogueirinha, é?"(sarcasmo), "Você não tem traço de arquiteta!", "Não vai chorar na reunião, hein?", "Você é louca, instável, ninguém vai aguentar você!", "Quem vai querer você com um filho, mãe para cuidar aos 40 anos de idade?", "Nossa, tenho que tirar o chapéu para seu namorado, esse é homem de verdade, para assumir você do jeito que você é, com toda sua carga, seus problemas!".

É engraçado como escrevo isso com lágrimas nos olhos. Sabe, se a gente não se contorna bem, a gente é obrigada a assumir os papéis que a sociedade nos impõe e o grande risco disso é chegar ao final da vida e se perguntar: "Quem é que viveu a vida em meu lugar?". E eu fiz isso por muitos anos. Por muito tempo eu acreditei que eu só tinha amor lá naquele sítio: o amor dos meus pais. Por muito tempo tive dúvida do meu valor. Achava que era sensível demais, errada, inadequada, insuficiente. Você, alguma vez na vida, já se sentiu assim?

"Observação, minha filha. A vida pede observação". A observação me ensinou a perceber os detalhes que muitos ignoram. Aprendi a ler situações e pessoas, a entender sinais que o universo nos envia constantemente. Essa habilidade me permitiu antecipar problemas e reconhecer oportunidades onde outros só viam caos e a me perceber, entender que cada ser humano é único e que o meu amor não deve vir de fora, mas de dentro. Aliás, é muito fácil cair na cilada de procurar respostas fora, quando na verdade a maioria das respostas já vive dentro da gente.

As dores são muitas, mas quero aqui chamar a atenção para uma dor que é silenciosa e perigosa: a de ter nossa essência sequestrada. Ninguém fala muito sobre isso, mas é uma dor que nos deixa perdidas, sem conseguir ser quem somos. É natural que se mude um pouco, porque a vida pede isso da gente, que cresça, evolua. Mas o problema está quando acreditamos que para crescer e evoluir, temos que ser outra pessoa. Então, lembre-se: quando colocarem rótulos em você, observe: esses rótulos normalmente são de quem lhe deu. Não os aceite, é preciso muita observação para não se perder de quem se é.

Eu me mudei para Itambé, onde tinha que acordar às 5h da manhã para pegar um transporte público até Maringá para estudar. Foi quando mais um imprevisto aconteceu: meu pai teve uma safra ruim, nos forçando a vender tudo e mudar para Posse, Goiás. Aos 16 anos, aceitei um convite para trabalhar em uma papelaria, onde assumi diversas responsabilidades, desde limpeza até vendas. Como aprendi com este trabalho!

Mas o destino, sempre caprichoso, tinha mais uma carta em sua manga: uma nova oportunidade floresceu. Dessa vez, era uma chance de tocar corações, ensinando desenho artístico para crianças carentes. Essa jornada, repleta de risos inocentes e traços de lápis 6B, deixou marcas em minha alma. Estas crianças me ensinaram tanto quanto eu as ensinei. Ali aprendi o valor do outro ensinamento do meu pai: agir amorosamente. A gente se doa e aí recebe. Isso é tão incrível nesta vida! Ali começava a nascer uma paixão e um novo desejo em minha vida: ajudar as pessoas. Traço que carrego até hoje, inclusive em uma de nossas empresas que se chama Fora do Cubo, onde ajudamos arquitetos a gerirem seus escritórios de forma rentável.

Lá em Posse, só havia dois cursos superiores e, apesar de sonhar com Arquitetura, com as dificuldades financeiras do momento, eu precisava me manter lá, então fiz vestibular para Processamento de Dados na UEG e passei. Foram 2 anos de conhecimento que me ajudaram a, 12 anos mais tarde, criar com meus sócios um *software* de gestão de escritórios de arquitetura, o Arquitask. Nessa época, recebi uma proposta para trabalhar com um arquiteto como desenhista. Você não faz ideia de como meus olhos brilhavam quando pegava aquela caneta nanquim na mão e escrevia: "Planta baixa"! Lembra qual foi a última coisa que você fez que te trouxe esse brilho nos olhos? É mágico, não é mesmo?

Eu trabalhava em uma prancheta improvisada na garagem de casa e fui percebendo que conforme ia tecendo minha história, cada passo, cada degrau exigiam um ato de coragem, um ato de observação e um ato de amor, ecoando sempre a eterna verdade de que, em cada desafio, reside uma oportunidade para crescer, aprender e acima de tudo, sonhar. Que na vida realmente é sempre preciso **agir amorosamente, observar e ter coragem**. Isso sempre volta para nós de alguma forma.

Chegou um momento em que resolvi correr atrás da tão sonhada Arquitetura. Eu tinha seis meses para passar no vestibular. Movida pela necessidade de honrar o sacrifício de meus pais, escolhi Maringá para estudar, foi preciso novamente muita **coragem**. Dividia moradia com mais duas pessoas para economizar, ia ao mercado com calculadora em mãos para conseguir pagar a compra no final, realizava todas as tarefas a pé, sob qualquer clima, lavava as roupas à mão e tudo isso me ensinou o valor do esforço e da persistência.

Nessa época, me sentia como um peixe fora d'água. A menina do sítio, morando em uma "cidade grande" pela primeira vez. Mas aprendi que não é o lugar de onde você veio ou as dificuldades pelas quais passou que vão lhe limitar, é você mesmo. Essas experiências moldaram em mim uma resiliência incomparável; aprendi a enfrentar adversidades com um sorriso, a ter a coragem que meu pai tanto falava, a encontrar soluções criativas para problemas cotidianos e a valorizar cada pequena conquista.

Hoje, mesmo que não precise mais contar cada centavo ou lavar roupas à mão, esses hábitos me lembram de onde vim e do que sou capaz de superar. Eles me ensinaram sobre humildade, paciência e, acima de tudo, sobre a importância de valorizar cada momento e cada pequeno esforço no caminho para alcançar meus objetivos.

Bingo! Em 6 meses passei em Arquitetura, o segundo curso mais concorrido da Universidade Estadual de Maringá. Ali confirmei que muitos limites da vida somos nós mesmas que criamos em nossa mente. Não, a vida não me deu atalhos, mas ensinou-me a construir pontes. E isto foi incrível. Coragem foi a força que me empurrou para fora da minha zona de conforto, sem ela eu nunca teria arriscado seguir novos caminhos ou enfrentar os desafios que a vida colocou, me fez entender que o medo é apenas um sinal de que estamos prestes a fazer algo verdadeiramente importante.

Com o tempo, percebi que a resiliência adquirida somada à disciplina, se transformou em uma força interior que me impulsiona frente aos desafios mais complexos da vida. Essa capacidade de me adaptar, persistir e encontrar alegria mesmo nas circunstâncias mais modestas é um tesouro que carrego comigo.

Me formei, fiz estágios, trabalhei para um grande escritório de arquitetura. Queria ter meu escritório e ouvia: "Você é sensível demais, o mundo dos negócios não é para você, Denise". Lembro-me da primeira vez que precisei fazer terapia, em 2008. Eu disse para ele: "Não quero ser sensível, isso é incompatível com minha profissão, com as empresas que quero ter, com os lugares que quero chegar, com as equipes que quero liderar". Eu tinha criado um papel, uma personagem de mulher forte que seria empresária e teria seu nome nas placas dos prédios.

O mais legal é que hoje estou, junto com meus sócios, à frente de 4 empresas, já citei duas e as outras são um escritório de arquitetura, o Arquitetura ao Cubo, onde ajudo as pessoas a colocarem sua verdadeira identidade em seus projetos, e também a NokNok Design, empresa de design de móveis, com peças já sendo vendidas em mais de 7 estados pelo Brasil. E não precisei deixar de ser sensível para estar à frente delas, pelo contrário, percebi que estava sendo injusta com o nosso Criador: "Se Deus me fez sensível, quem sou eu para achar isso ruim ou colocar defeitos?". Na verdade, diante da vida, não precisamos deixar de ser quem somos, nem devemos fazer isso. E os desafios continuaram acontecendo:

minha mãe sofreu um AVC e hoje cuidamos dela, que não anda e não fala mais; passei por um divórcio dificílimo e por aí vai. Mas não vou me ater a mais detalhes, pois até aqui já temos o suficiente para minha mensagem:

As únicas coisas que precisamos na vida são: *Observação*, *Coragem* e *Amor*, sendo este último aquele que é capaz de, em qualquer circunstância, transformar realidades de alguém e, na maior parte das vezes, a nossa própria. Essas três doses de sabedoria se tornaram a bússola que guia meus passos. Através delas, pude construir uma vida repleta de significado, superar obstáculos e cultivar relações genuínas.

Hoje, entendo que o legado do meu pai vai muito além de suas palavras, é uma forma de viver que continua a influenciar tudo o que faço. Espero que influencie você também, a partir desta leitura.

“

Não é o lugar de
onde você veio ou
as dificuldades
pelas quais
passou que vão
lhe limitar, é você
mesmo.

Denise Bueno

Eva Simionato

Me chamo Eva Simionato, casada com Francisco, meu grande amor, mãe da Nathalia e Thayna e avó do José. Sou totalmente apaixonada pela minha família.

Sou empresária no ramo de alimentos, ocupando o cargo de diretora financeira da empresa Laticinios Vidativa, uma empresa de 33 anos, consolidada no estado do Paraná.

Sou uma mulher de muita fé, forte e muito determinada, o que faz de mim uma mulher exigente, batalhadora, detalhista e cheia de sonhos, sempre em busca de realizá-los.

eva_simionato
eva@vidativa.ind.br
+55(44) 99835-7888

QUE A INTENSIDADE SEJA SUA MELHOR FORMA DE VIVER!

08

Por Eva Simionato

Como uma mulher comum, venho relatar uma fase da minha vida e as experiências que vivi com a ajuda e direção de Deus. Quando jovem, cresci em uma família de classe média. Meus pais proviam tudo que eu e meus irmãos necessitávamos e nada nos faltava. Eu estudei em colégio particular, frequentava lojas e salões de beleza semanalmente, enfim, minha família era conhecida pela sociedade de nossa cidade. Sempre fui uma mulher muito vaidosa, sonhadora e romântica.

Aos 16 anos, conheci aquele que seria meu primeiro e único amor, Francisco, e o tempo de 3 anos foi o suficiente para decidirmos nos casar e começarmos a nossa história. E ao decidir nos casarmos, já me vinha à mente a realização de um dos meus sonhos. E aqui eu faço uma pausa para lhe fazer uma pergunta: você tem sonhos? Consegue visualizá-los e caminha na direção certa para realizá-los? Sonhar é fundamental para prosseguirmos diante de obstáculos e ter fé naquilo que sozinhas não podemos alcançar.

Pois bem, como já disse, conheci meu marido com 16 anos e aos 19 estávamos casados. Foi uma grande mudança na minha vida, já que saí do conforto da casa dos meus pais e de toda mordomia que eu recebia ali e me mudei de cidade para morar no sítio que meu esposo tinha herdado do meu sogro. Era um pequeno lote de terras e, naquele lugar, junto com o início da nossa vida de casados, começava a nossa empresa, o Laticínio Simionato, também conhecido como Laticínios Vidativa.

O começo da empresa foi da forma mais artesanal possível, pois não tínhamos recursos financeiros suficientes para começar uma indústria com todos os maquinários necessários. Naquele sítio, com a direção de Deus, começamos do zero nossa empresa.

Passados dois anos de casados, notei que meu esposo andava muito preocupado e inquieto e, como sempre conversávamos muito sobre tudo — e aqui quero deixar um conselho para você, mulher: procure se inteirar de tudo na sua casa com seu companheiro, seja atuante e participativa, mesmo que não trabalhe fora —, o questionei e me inteirei da situação financeira em que nos encontrávamos. Era delicada, pois enfrentamos uma frustração de lavoura pelo segundo ano consecutivo e, com isso, o surgimento de dívidas bancárias por conta de financiamentos da lavoura e do gado foram crescendo.

Nesse período difícil, fiquei grávida e realizei outro sonho de minha vida, o de ser mãe. E Deus nos deu nossa primogênita, Nathalia, uma filha linda, perfeita e que ainda no hospital meu esposo a consagrou ao Senhor. As coisas começaram a se complicar e eu como sua companheira precisava me posicionar no papel de esposa idônea e auxiliadora, ao lado do meu marido. Deixei de lado minhas vaidades e junto com ele precisava ser forte e corajosa para juntos lutarmos para sair daquela situação, que aos nossos olhos era impossível de ser solucionada. E foi neste momento que nos apegamos com Deus de uma forma mais viva e presente em nossas vidas. Um certo dia nos ajoelhamos, entregamos e consagramos tudo que tínhamos para que Deus nos desse a direção, pois dependíamos do agir dEle.

Em nosso processo, Deus sempre colocou pessoas que foram fundamentais para nos auxiliar com estratégias, para que pudéssemos sair daquele período tão desafiador da empresa. Durante a dificuldade financeira, nossas orações sempre foram súplicas para que pudéssemos honrar nossos compromissos, não prejudicar ninguém e seguirmos trabalhando no nosso propósito e sabíamos que para isso teríamos que ter muita fé, mesmo diante da possibilidade de perder tudo que até ali havíamos conquistado.

Posto isto, faço outra pausa para outra reflexão importante: muitas mulheres nestes momentos de dificuldades financeiras abandonam seus maridos, porque os mesmos não podem mais lhes dar o conforto e uma vida sem dificuldades. Mas eu digo a vocês que foi neste momento que Deus me encheu de uma força e fé tão grande, que tudo o que eu queria é que meu marido soubesse que eu estava ali para o que fosse necessário e que nada daquilo abalaria o nosso amor.

Durante essa fase difícil, houve um dia muito marcante para mim, que foi quando me levantei na madrugada (leiteiro acorda cedo para tirar leite) e me vi com um novo *look* – e este não era nada *fashion*. Era uma roupa branca e galocha de borracha branca, que vesti para ajudar o Francisco no processo de pasteurização do leite. Descia para o pequeno laticínio às 4h da manhã, toda satisfeita. O mais surpreendente é que foi uma experiência que realizei com uma alegria que não cabia no meu peito, mas hoje sei que essa alegria veio do Senhor.

Outra grande experiência foi ter uma barraca na feira da cidade. Olha, não é fácil, você que antes tinha uma vida bem tranquila, sem maiores intercorrências e, de repente, FEIRANTE! Mas saiba que essa também foi uma experiência muito importante, pois vi meu caráter sendo forjado dia a dia, com situações que realmente eram relevantes para que eu fosse uma mulher de fibra. Vi o olhar de gratidão do meu esposo por estar com ele naquela jornada tão difícil de nossas vidas, vi o quanto pude impactar minha família e as pessoas a minha volta com a minha ousadia e determinação.

O tempo foi passando e logo fiquei grávida de novo, então Deus nos deu nossa segunda filha, a Thayná. Outro presente, onde também a consagramos ao Senhor. Tínhamos o hábito de que tudo que íamos fazer, consagrávamos a Deus. E agora tínhamos duas filhas para criar diante daquela situação, mas Deus é bom e Ele não deixava faltar nada para elas.

O tempo foi passando e o sobrenatural de Deus foi acontecendo, dia após dia víamos o agir de Deus em nossa vida nos dando estratégias e direção. Para sairmos daquela crise financeira, fomos vendendo tudo que tínhamos e com preços acima de mercado. Vendemos até o nosso gado, que era a matéria-prima principal da nossa atividade empresarial, e por isso passamos a comprar leite de terceiros. Com a compra do leite de produtores terceirizados, o Senhor agiu em nosso favor novamente, pois tivemos a oportunidade de trabalhar com volume um pouco maior e então começamos a vender mais e, dessa forma, aos poucos as coisas foram se encaixando.

Afirmo a vocês que Deus abriu portas onde não havia. Durante o processo pelo qual estávamos passando, outros laticínios da região pararam suas atividades e acabaram dando espaço para nossa marca no mercado, e aos poucos dobramos a produção. Graças à intervenção do Senhor, as dívidas foram sendo pagas e a situação foi nos dando mais fôlego, inclusive conseguimos parcelar alguns empréstimos a longo prazo, e mesmo vendendo quase tudo o que tínhamos, o Senhor nos deu forças para continuarmos em meio às dificuldades e proveu.

As bênçãos de Deus não paravam de acontecer e graças a Ele novas oportunidades iam surgindo. Aquele nosso pequeno espaço no sítio, que era de 70 m², já não comportava mais a estrutura e a produção da Vidativa. Então Deus abriu uma nova porta. Com muita dificuldade e esforço, e apenas pelo direcionamento de Deus, compramos um laticínio desativado na cidade Terra-Boa/PR. Da empresa com 70 m², fomos para um local de mais de 400 m², e, com isso, pudemos dobrar a nossa produção.

Juntos, eu e meu esposo trabalhávamos com afinco, dedicação e muita gratidão pelo que Deus estava fazendo em nossas vidas. Ele o tempo todo estava nos dando o que tanto pedíamos: sabedoria para conduzir nossa vida, nossa família e nossa empresa.

Durante os anos seguintes, aumentamos a produção, vendas e até nossa área de atuação, pois iniciamos um *mix* de produtos que não mais se resumia ao leite. Com isso, as dívidas foram pagas e o Senhor continuou proporcionando o crescimento para nossa empresa.

Há alguns anos, adquirimos uma nova fábrica na cidade de Nova Esperança/PR, que somada com a de Terra-Boa tem mais de 35.000 m². Hoje temos uma marca consolidada no mercado paranaense e recentemente o Senhor nos concedeu termos a permissão federal para a venda em todo o nosso país.

Quem olha para a Vidativa no porte em que ela se encontra hoje,pode não imaginar quantas foram as dificuldades, mas quero ressaltar que, quando temos fé, um sonho e um objetivo, damos o nosso melhor para que ele se realize e então as dificuldades passam a ser um meio de nos fortalecer e não para desistir.

Atualmente, estou no setor financeiro da empresa, mas não foi assim no começo, pelo contrário, atuei em quase todas as áreas e é muito gratificante fazer esta retrospectiva, foi muito bom para meu crescimento profissional, passei a conhecer melhor o meu negócio e fui crescendo gradualmente. Lembrar-me de todos esses detalhes também me fortalece nos dias atuais. Estou sempre em busca de conhecimento, seja realizando cursos, assistindo palestras e fazendo leituras, tudo isso visando me aperfeiçoar como pessoa e profissional.

Como disse no início, fomos ensinados a consagrar tudo a Deus e em cada produto glorificamos ao Seu Nome, pois todas as embalagens possuem um "alerta" para cada consumidor: "Jesus Cristo: Fonte de Vida eterna." Acreditamos que Jesus Cristo é a fonte de vida eterna, a fonte de vida da nossa empresa, do nosso casamento e do nosso lar.

Mesmo diante das crises e imprevistos que tivemos durante o processo (pois empreender não é uma atividade fácil e nem estável) temos muita gratidão a Deus, pois sabemos que foi o agir d'Ele que nos fez e nos faz vencer diariamente.

Nós não podemos pensar que somos limitadas, as adversidades vêm e muitas vezes vêm com tudo, para nos testar em todas as áreas de nossa vida. No meu caso, eu tive um casamento feliz, com o homem que sonhei, tive o privilegio de ser mãe, de ser uma jovem mulher saudável, mas o financeiro foi devastador, uma experiência que nem todas querem passar ou até mesmo pagar o preço, mas te falo que são esses grandes desafios que nos fortalecem.

Deus nos uniu como casal para cumprir o Seu propósito. Ele nos permitiu constituir uma linda família, passar por uma grande crise e sair de perto de nossa parentela, mas Ele nos levou a uma "Terra boa" e nos deu uma "Nova Esperança" para agirmos.

Quero dizer a vocês que valeu a pena crer no sustento e na provisão de Deus e que estar junto com meu esposo em qualquer situação me fortaleceu e nos fortaleceu como casal. Não é fácil buscarmos ser a esposa virtuosa de Provérbios 31, mas o Senhor nos capacita a perseverar e acreditar nas Suas promessas.

Vivemos em uma sociedade onde a mulher é muito cobrada, principalmente para que **seja empoderada**, mas o que realmente é ser empoderada, vejo que é ser, acima de tudo, feliz com a vida que conquistou sem pensar em viver a vida da outra; é constituir uma família com princípios, ter a capacidade de autoanalisar suas decisões e atitudes; saber ser coerente, buscar ser relevante no meio em que está inserida, poder levantar todos os dias sabendo que cada dia é único.

Sou constantemente convidada para relatar minha história e sabe o que é engraçado? É que quando estava na minha luta, não me imaginava com força suficiente para enfrentar, mas quando pensamos que somos ou estamos fracas, aí que somos surpreendidas com uma força que não vem de nós, e sim do Alto. É muito gratificante pode compartilhar nossas experiências, pois elas em algum momento serão fontes fortalecedoras para outras mulheres.

Ser uma mulher que realiza é buscar constantemente seu melhor, inovar, buscar modelar outras fontes de inspiração, acreditar em si mesma, em todo tempo buscando sua melhor versão, não deixar de ser autêntica e feminina, de ir de encontro aos seus sonhos e acima de qualquer coisa, **ser intensa sempre**.

Antes de mais nada, além de ser esposa, mãe, empresária e agora avó, sou uma mulher vaidosa que adoro me cuidar, não gosto de deixar minha rotina na empresa atrapalhar os cuidados que sei que são essenciais para mim, como ir a uma academia, estar sempre em dia com meus exames, ir a um bom salão de beleza, sair com as amigas para um café, me reunir com mulheres que tem os mesmos propósitos.

Atualmente faço parte de uma célula só para mulheres, onde compartilhamos a palavra de Deus e nossas experiências, faço parte também de uma associação internacional de homens e mulheres de negócios, a Adhonep, atuo em um curso só para mulheres no qual o tema abordado ao longo de 13 encontros presenciais é "A mulher sábia edifica".

Então, cara leitora, saiba que você veio ao mundo mulher para fazer a diferença e contribuir para uma sociedade melhor. Não importa quanto tempo você tenha que dispensar, não importa quantas portas terá que abrir e quantas irão se fechar. Não importa a quantidade de "nãos" (e eles virão com tudo) que encontrará no meio do percurso, mas sim o foco no objetivo, a certeza de que todas as coisas são possíveis (Filipenses 4:13).

Você pode perceber que em meu relato falo muito de Deus e exalto muito a questão de se ter fé e do que as experiências com Deus me levaram a realizar coisas que, para mim, eram impossíveis, então quero te dizer que se eu consegui você também consegue, pois o Deus que me fez é o mesmo que te fez e assim como Ele sonhou comigo realizando, Ele também sonha contigo.

“

Lembre-se:
em tempos de
adversidades, o
que nos sustenta
são nossas
experiências com
Deus.

Eva Simionato

Fátima Fabian

Sou Fátima Fabian, filha de Francisco Fabian e Terezinha Fabian; me sinto filha amada de Deus. Sou esposa do Yvonei, mãe de dois filhos lindos: Ian e Breno.

Sou terapeuta, palestrante, treinadora e mentora de mulheres. Já treinei mais de 700 mulheres a desenvolverem sua inteligência emocional e construírem uma nova história em suas vidas.

Sou fundadora do movimento "Desperte Sua Melhor Versão", a mentoria que brotou no meu coração depois de eu dar um BASTA. Eu não aguentava mais ver tantas mulheres sofrendo por compulsão de agradar a todos, com baixa autoestima, se sentindo inferiores por não conseguirem fazer nada para si mesmas, as famosas "mulheres maravilhas". Quando eu me libertei, peguei para mim a missão de ajudar outras mulheres a se libertarem também.

coach.fatimafabian_
fatimafabian19@gmail.com
+595 973 707671

MULHERES QUE REALIZAM

VOCE PODE DESPERTAR SUA MELHOR VERSÃO

09

Por Fátima Fabian

Por muito tempo, eu alimentei em mim a "síndrome da boazinha". Não é um diagnóstico médico oficial, mas é um termo usado para descrever um comportamento no qual eu vivia com dificuldade de expressar meus direitos e meu valor. Na verdade, para mim, naquela época, o meu valor estava naquilo que eu fazia, eu tinha que estar o tempo todo fazendo algo para provar aos outros o meu valor, por isso não conseguia dizer não para ninguém. Muitas vezes, por medo de desagradar ou ser vista como egoísta.

Por muitos anos de minha vida, alimentei esse padrão, sem ter a menor ideia do que estava por trás disso, sempre sendo muito complacente, cedendo às necessidades dos outros sem levar em conta as minhas próprias necessidades e desejos. Eu não tinha autoestima, vivia com um vazio na alma, uma terrível insatisfação pessoal e uma enorme insegurança com respeito a mim e à minha família, um medo que por muito tempo me paralisou. Eu me sentia responsável por fazer todos a minha volta se sentirem o melhor possível, e isso sim nos faz seres humanos de valor, só que, no meu caso, era de maneira desregrada. No decorrer da jornada de autoconhecimento, pude compreender e tudo ficou muito claro.

A mulher se sente responsável por querer fazer todos felizes e muitas vezes carrega um fardo invisível, mas imenso. Ela é como um farol, sempre buscando iluminar a vida das pessoas ao seu redor, independentemente das suas próprias necessidades e desejos. Essa busca constante para proporcionar alegria e conforto aos outros pode ser nobre, mas também pode ser exaustiva. A mulher frequentemente sacrifica seu tempo, energia e até mesmo sua própria felicidade para atender às demandas das pessoas que a cercam. Ela é a amiga que está sempre disponível para ouvir, a mãe que faz tudo pelos filhos, a esposa que coloca as necessidades do marido acima das suas. No entanto, é importante lembrar que ninguém pode ser responsável pela felicidade de todos o tempo todo.

Por muito tempo, fiz esse papel e, até os dias de hoje, procuro ficar atenta e treinar minha mente para não voltar a viver antigos padrões. Sim, eu utilizo o conhecimento que adquiri, técnicas e ferramentas, para continuar trilhando uma jornada feliz e equilibrada.

Em determinada fase da minha vida, aos meus 27 anos, tendo que lidar com os desafios da maternidade juntamente com meu esposo Yvonei, tivemos que tomar a decisão de nos mudarmos para a cidade, para proporcionar aos nossos filhos uma qualidade de estudo melhor e assim deixar para trás o sítio, lugar que tínhamos idealizado que eles crescessem, em meio à agricultura. Mas precisávamos tomar essa decisão. Foi um momento em minha vida que me senti deprimida por alguns meses, talvez por apego àquela vida pacata e tranquila, onde apesar de me sentia exausta, era realizada por fazer parte do trabalho que mantinha minha família e que nos proporcionou muitas realizações.

Quando me vi na cidade morando com meus filhos em um apartamento, me senti presa, com medo do futuro, pois para mim apenas cuidar dos meus filhos não era suficiente, eu tinha crescido em uma família que me ensinou a trabalhar desde meus 6 anos, onde eu recebia elogios por ajudar nas tarefas de casa e logo o meu valor não estava em quem eu era, e sim no que eu fazia. Para mim, estar naquelas condições, morando em um apartamento e só cuidando da casa e dos filhos, era pouco.

Fui ensinada que o valor do ser humano estava no que ele fazia, logo, se eu quisesse ser alguém na vida, eu teria que estudar e trabalhar muito. O que não deixa de ser verdade, só que existe uma linha tênue de equilíbrio. O valor de coisas externas como trabalho, realizações e conquistas de objetivos nunca serão suficientes se você não estiver em equilíbrio com o valor que está na sua identidade humana, no recôndito da sua alma.

Essa disfunção aconteceu na minha identidade quando eu percebi e absorvi situações onde eu vi minha mãe tendo que aceitar tudo, quieta, vi inúmeras vezes ela chorando sozinha. Eu, ainda criança, de alguma maneira queria consolá-la e ajudá-la, então buscava fazer alguma coisa para alegrá-la, mas eu não conseguia. Trouxe esse sentimento para minha vida adulta, sentimento de incapacidade e, devido a isso, estava sempre em alerta, querendo ajudar tudo e todos à minha volta a resolverem seus problemas. Missão fadada ao fracasso, pois, assim como na fase da minha infância, em que não tinha capacidade psicológica suficiente para resolver os problemas que causavam sofrimento a minha mãe, eu na minha vida adulta jamais conseguiria resolver problemas dos demais a minha volta. Esse padrão comportamental eu vivi por alguns anos, como se minha mente tivesse ficado presa naquela fase da minha vida.

Aprendi muito nova que o ser humano sofre e acaba fazendo seu entorno familiar sofrer também. Para solucionar tudo isso, nos resta compreensão, amor e perdão. Lembro-me de uma das experiências em família que ficou muito marcada em minha memória, quando em uma noite meu pai chegou em casa caindo, de tão bêbado, sentou-se na porta da entrada de casa e se colocou a chorar e se lamentar da sua vida, se dizendo um desgraçado, entre outras palavras horríveis, que não merecia a família que tinha e que ninguém o amava. Eu fiquei escondida no quarto com meus irmãos, pois tínhamos medo das reações dele, pois quando chegava bêbado, na maioria das vezes tínhamos que sair correndo para nos proteger no galpão, até que ele se acalmasse e fosse dormir. Então, nós e minha mãe voltávamos para dentro de casa. Mas, naquele dia, ao ouvir aquelas palavras, eu corri e abracei meu pai e disse a ele que eu o amava. Peguei uma bacia com água e o ajudei a lavar seus pés, ele chorou, se calou e foi dormir. Naquele momento, eu aprendi e entendi que as pessoas sofrem por não se sentirem amadas.

Anos mais tarde, pude entender a história do meu pai. Ele foi abandonado por seu pai desde menino e sua mãe era muito enferma, por isso foi criado por seus irmãos mais velhos. Cresceu entre brigas e maus tratos, com muitas carência da presença do pai e da mãe. E apesar das marcas de uma infância muito triste, ele conseguiu construir a nossa família, não recebeu amor e nem cuidado, mesmo assim, do jeito dele, fez o melhor que pôde.

Meu pai nunca falava sobre o pai, a mãe e a história dele, os momentos que eu quis saber e perguntei sobre isso, percebi que existia muito dor e falta de perdão. As poucas palavras que ele me falou sobre o assunto, antes das lágrimas descerem, foi que ele sabia que tinha que perdoar os pais dele, principalmente o pai. Percebi que ele trazia muitas memórias de dor e creio que ele já tenha conseguido perdoar e se libertar de muitas cargas negativas.

Meus pais sempre nos ensinaram princípios e valores. Eu me recordo também que tínhamos um hábito de quase sempre após o jantar nos sentarmos ao redor da mesa para rezar. Ele sempre dirigia a oração e minha mãe fazia uma leitura de alguns dos seus livros de oração. A admiro demais, pois ela foi muito forte para manter nossa família unida, ela sempre orava e chorava calada, às vezes se escondia para que não a víssemos chorando, e isso foi por longos anos de sua vida. Lembro-me que me juntei a ela nessa luta, sempre orei para meu pai se libertar do alcoolismo.

Eu tive a compreensão para separar quem era meu pai na sua verdadeira identidade e quem era ele com os vícios e disfunções. Assim, nunca alimentei em mim sentimento de mágoa com relação aos seus erros, pelo contrário, aprendi com eles. Lembro-me que em uma de nossas conversas de mãe e filha, minha mãe me disse que eu teria que me casar com um homem que amasse muito mais a mim do que eu a ele. Eu entendi o que ela quis me dizer, que meu pai não tinha amor suficiente por ela e por isso fazia aquilo. Também entendi que ela tinha amor suficiente para perdoá-lo, o que a fez prosseguir lutando pela família.

Então, desde menina eu orava e conversava com Deus e pedia a Ele que preparasse para mim um esposo trabalhador, honesto e que me amasse muito, segui os conselhos de minha mãe. E, graças a Deus, deu certo, eu me sinto muito amada, protegida e cuidada por meu esposo.

Depois de muitas terapias e vivendo jornadas de conhecimento sobre o comportamento humano, pude entender a história do meu pai, da minha mãe e consequentemente a minha também. Pude resgatar memórias de pertencimento, amor, cuidado dos meus pais comigo e com meus irmãos e hoje trago apenas boas memórias, como essa: lembro-me de ver a minha mãe preparando o jantar enquanto nos esquentávamos ao redor do fogão à lenha; meu irmão sentava em um banco atrás do fogão, eu ia para o colo do meu pai e meu irmão mais novo sentava na cadeira e esperava minha mãe se sentar, ele também ganhava o colo dela. Essas são memórias de paz e união que me fortalecem, pois naqueles momentos eu me sentia protegida e amada, todos tinham seu lugar e ali ficávamos até a hora do jantar, que era preparado no fogão à lenha, onde nos aquecíamos nas noites fria de inverno.

Entendi minha história e como tudo foi sendo programado nas minhas crenças, o significado que dei para minha vida e pude entender minhas atitudes e a minha forma de ser. Aprendi na prática que é uma tarefa impossível e muitas vezes ingrata querer fazer os outros felizes.

A mulher que se sente responsável por fazer todos felizes deve lembrar-se que ela também merece amor, alegria e compreensão e que está tudo bem buscar sua própria felicidade enquanto continua a ser uma fonte de apoio para os outros. Eu não dedicava tempo para descobrir o que realmente **me** fazia feliz; sempre me esforçava para fazer os outros felizes. Quando finalmente me voltei para mim mesma, percebi que estava vazia e sem sentido. Não compreendia o meu verdadeiro valor e minha motivação vinha constantemente de fatores externos, em vez de ser alimentada pelo que estava dentro de mim. Eu me sentia vazia, sem autoestima e sem amor-próprio.

Somente quando entendi tudo isso pude dar um basta e construir minha nova história.

Eu posso te afirmar, mulher, seu passado não define seu futuro, desde que você busque o conhecimento para se desvencilhar de traumas, bloqueios e situações que te fizeram ficar paralisada em alguma estação da sua vida. Te convido a se encher de coragem, humildade e buscar conhecer a verdade sobre sua história, pois a verdade dói mas liberta, não tenha medo das mudanças, tenha medo de passar por essa vida e descobrir tarde demais que você não viveu o que você nasceu para viver, busque entender sua história para viver seu propósito.

Você, mulher, precisa lembrar-se que também merece felicidade e cuidado e que sua própria saúde mental e bem-estar são igualmente importantes. É fundamental que você aprenda a estabelecer limites, a dizer não quando necessário, a buscar o apoio e a compreensão das pessoas ao seu redor. A verdadeira felicidade não vem de sacrificar constantemente a si mesma, mas sim de encontrar um equilíbrio saudável entre cuidar dos outros e cuidar de si mesma.

Seu propósito, seus sonhos, sua vida e seu **futuro** ficarão aprisionados no **passado**, caso você não passe por um autoconhecimento aprofundado. Se você tem baixa autoestima, fica paralisada frente aos desafios da vida, vive em ciclos de recomeços, se sente fracassada pessoal e profissionalmente, está com a relação familiar fria e distante, sofre com altos e baixos emocionais, tem dificuldade em cultivar bons relacionamentos, não consegue ter foco, sofre com a procrastinação, enfrenta problemas de saúde.

Se você não romper com esses padrões emocionais destrutivos e inconscientes, seu futuro está destinado a ir para um rumo totalmente diferente do que Deus planejou para você. Uma memória de um dia trágico, um relacionamento abusivo ou uma perda são capazes de despertar em você emoções e sentimentos que travam e paralisam, completamente, o seu sucesso em todas as áreas. Esse passado carregado de dor e sofrimento que desperta a sua pior versão (vitimista, impotente, fraca...) pode ser superado, através das ferramentas certas.

Tenha consciência de quem você é atualmente. Resgate a sua capacidade de sonhar, idealize a vida que você quer viver e a mulher que você quer se tornar. Esse é um poderoso motivador para buscar constantemente sua melhor versão. Estabeleça objetivos e prioridades congruentes com seus valores, para alcançar o seu melhor potencial.

“

Cada nível de realização exige de você uma nova versão!

Fátima Fabian

Isabela Cristo

Eu sou Isabela Cristo, tenho 26 anos, natural de São Paulo/SP. Filha de Lourival e Maria Luziani, irmã da Andréia e do Everton. Minha família é a base de quem sou hoje.

Noiva (e futura esposa) do Geovani Penachio, quem dá mais cor e brilho à minha vida e quem me mostra que sonhar grande não é um problema.

Sou formada e laureada em Letras Português/Inglês pela Universidade Estadual de Maringá (UEM), bailarina e proprietária de uma unidade de ensino. Demorei um pouco para descobrir minha paixão pela educação, porém, hoje, é a área na qual eu me sinto realizada e que não penso em deixar para trás.

belaccristo

kumoncerroazul

isabela.cristo@unidadekumon.com.br

+55 (44) 98802-7715

https://www.kumon.com.br/pr/maringa-cerro-azul/

MULHERES QUE REALIZAM

10 O AMOR COMO COMBUSTÍVEL

Por Isabela Cristo

Minha história começou em São Paulo, onde nasci, mas todo o seu desenrolar foi no Paraná, inicialmente em Nova Esperança. Quando criança, lembro de sempre pular entre os grupos de amigos e nunca me estabelecia em um, eu sempre tentava me moldar, mas eu nunca cabia em um grupo específico. Na infância, eu era a aluna quieta da sala e, se algo de ruim me acontecia, era guardado a sete chaves, para ninguém perceber que eu estava triste. Conforme fui crescendo, a realidade foi mudando: passei a me comunicar melhor e a ter amizades mais sólidas, mas algo ainda me incomodava.

Aos 12 anos, comecei a fazer aulas de *ballet* e *jazz*, isso completava meus dias, pois era algo que eu realmente gostava de fazer. No início, eu tinha várias coisas que me limitavam, não me sentia capaz, mas com o passar do tempo fui me aperfeiçoando, destravando meu corpo e minha criatividade e, claro, tomando cada vez mais gosto pela dança. Minha turma do *ballet* era bem animada e unida, pela primeira vez eu me sentia como parte de algo maior. Junto com meu grupo, fui dançar duas vezes no Festival de Joinville, maior festival de dança do mundo, e, em 2015, me formei em *ballet*. Depois de formada, dei algumas aulas de dança e adorava poder ensinar!

Em 2014, no meu terceiro ano do Ensino Médio, veio a angústia dos vestibulares. Minha vontade era cursar Comunicação e Multimeios, porém minha família e minhas amigas comentaram que eu me daria muito bem no curso de Letras, por gostar bastante de literatura e de escrever, e foi assim que iniciou o meu caminho universitário: passei em segundo lugar pelo Processo de Avaliação Seriada (PAS) da Universidade Estadual de Maringá.

Inicialmente, minha intenção com o curso era de me especializar para poder trabalhar como redatora, aproveitando minha habilidade com a escrita. Como eu estava morando em Nova Esperança ainda, a rotina começou a ficar pesada por precisar pegar estrada todos os dias para estudar, e foi aí que consegui convencer meus pais para que eu mudasse para Maringá, no segundo ano da faculdade. Hoje, consigo ver como essa decisão foi o *start* para uma vida nova.

Minha mudança para Maringá foi em uma segunda-feira, e na sexta-feira eu já tinha uma entrevista de estágio marcada na unidade educacional de que hoje sou dona. Fiz a entrevista e passei, logo já comecei a trabalhar. Eu vi minha rotina mudar completamente e me vi entrando em um processo automático para lidar com tudo. Durante alguns anos passei trabalhando durante o dia, indo à faculdade durante a noite, estudando de madrugada e, ainda, indo visitar meus pais em Nova Esperança todo os fins de semana. Não tinha tempo para mais nada.

No trabalho, minha jornada estava sendo ótima. De estagiária, que trabalhava somente no período da tarde, fui efetivada e passei a trabalhar o dia inteiro, receber mais responsabilidades e abraçar tudo o que me era passado. Foi nesse momento que eu me apaixonei pela área da educação e, principalmente, pela orientação individualizada de cada aluno. Eu nunca reclamei do que eu estava fazendo, pois foi quando eu mais cresci e tinha sede de crescer ainda mais. Com minha faculdade finalizando, eu precisava decidir qual rumo minha vida tomaria, e aí a oportunidade bateu na minha porta: assumir a franquia do método de ensino na qual eu trabalhava.

Quando eu recebi a notícia, estava completamente despreparada e a única coisa que passava na minha cabeça era: "o que está acontecendo?" Apesar de eu não estar entendendo muita coisa, agarrei a oportunidade e segui em frente. Nesse momento, meus pais foram meus principais apoiadores, inclusive financeiramente, pois eu assumiria uma unidade educacional com apenas 21 anos e nenhum capital para investir.

Como eu iria finalizar minha faculdade e já tocar uma empresa sozinha? Como eu faria com as provas finais da faculdade e os treinamentos iniciais para assumir a franquia? Tudo isso foi invadindo a minha mente e eu sempre com o espírito de "eu dou conta" via que, na verdade, eu estava sobrecarregada e que a ansiedade estava tomando conta de mim. Esse foi um período muito tenso, pois apesar de saber o que queria, tudo era uma incerteza, pois eu ainda estava sendo avaliada para realmente assumir a franquia, e isso foi me consumindo até o momento em que eu tivesse o resultado final. E aconteceu. Em janeiro de 2020, eu assumi a unidade e estava com uma empresa em minhas mãos.

Eu, ingênua, achava que já estava com tudo resolvido, até vir uma enxurrada de burocracias empresariais e eu não saber o que fazer, afinal, minha experiência era a parte da licenciatura. Foi aí que apareceram pessoas que me ajudaram desde o primeiro momento e tiraram todas as minhas dúvidas sobre administração e gestão de uma empresa, pois o que eu sabia até ali era somente a parte do material didático.

Com dois meses de empresa, eu achava que já tinha uma experiência legal para caminhar sozinha, até que veio a pandemia da covid-19 e destruiu tudo o que eu tinha construído (e aprendido) até ali. Precisaríamos fechar a unidade, mas como faríamos os acompanhamentos com os alunos? Como receberíamos suas tarefas? Como conversaríamos com os pais? No meio de tantas dúvidas, a ansiedade falava cada vez mais alto e eu lutava contra ela todos os dias. Fui ponderando as situações até encontrar o melhor jeito de lidar com o peso que a pandemia trazia e, no final, a unidade teve um crescimento gigantesco que ninguém previa. Mesmo com tudo de ponta-cabeça, eu acreditei no meu trabalho, na minha equipe e nos meus alunos, agarrei tudo com muito amor para passar por aquela fase. No "novo normal" que a pandemia nos trouxe, eu e minha equipe tiramos de letra e continuamos crescendo mês após mês (meses que na verdade pareceram anos). O problema foi que minha ansiedade cresceu junto.

Em meados de 2020, com a empresa estabilizada, comecei a perceber que estava tentando me encaixar em lugares em que eu não cabia, estava novamente me moldando para ser aceita, vi que estava passando por coisas que eu não queria, vivendo situações que eu nunca imaginei que viveria – de forma negativa. Foi quando, além de todo o apoio da minha família, fui atrás de apoio psicológico para poder sair daquele estado em que eu estava.

Começar a terapia foi uma das melhores decisões que tomei na minha vida! Foi nela que consegui desenrolar os pensamentos que estavam bagunçados e, mais do que isso, me conhecer e me aceitar do jeito que eu sou. Terminei todos os ciclos em que eu tentei me moldar, me diminuir para caber, revoguei as situações que me deixavam triste e me fiz merecedora de carinho, acolhimento e respeito. Eu consegui entender que o motivo de tantas coisas que me submeti foi por eu não me conhecer o suficiente para que eu pudesse ser eu mesma.

"Ajusto-me a mim, não ao mundo", como já dizia a escritora francesa Anaïs Nin, fui ajustando-me a mim e entendendo tudo o que tinha acontecido em minha vida, tão nova, mas tão cheia de acontecimentos e sentimentos. Passei a saber quem eu sou, saber o que eu mereço e respeitar as minhas vontades. E mais, sei tudo isso sobre a Isabela criança que vive dentro de mim também, para que eu possa viver de acordo com as minhas decisões, sejam elas quais forem. Eu passei a me amar mais e a me perdoar de todas as vezes que fui muito rígida comigo, passei a olhar todos os acontecimentos de forma positiva e aprender com todas as situações e, assim, consegui sentir de forma muito mais intensa o amor de todos que estavam à minha volta.

Enquanto dava continuidade no meu processo comigo mesma, conheci o Geovani no final de 2022, em uma festa, quando nem imaginava conhecer alguém. Outra das melhores decisões que tomei na minha vida foi ter aceitado seu convite para dançar! Logo nos conhecemos melhor e começamos a compartilhar a vida, sempre conversando sobre tudo: trabalhos, empresas, viagens... E sempre fomos muito intensos, vivendo o melhor que podemos viver em todos os momentos. Em menos de um ano já ficamos noivos e compramos um apartamento. Por mais que nós já tivéssemos nos relacionado com outras pessoas, desde o início nosso relacionamento gerou algo diferente em nós, sempre repleto de amor e compreensão.

Junto com o Geovani, veio a empresa Amptech Engenharia LTDA. Para mim, que olhava de fora, uma empresa bagunçada e totalmente desestruturada. Vi-me no desafio de ajudá-lo, foi quando juntamos as forças para que ela crescesse. Logo ele iniciou a mentoria Somos Visionários, do Gustavo Resende, e alavancou a Amptech. Eu, que não queria ficar de fora, entrei na mentoria poucos meses depois. Participando da Somos Visionários, o desenvolvimento da minha empresa foi gigantesco. Comecei a olhar a gestão empresarial com olhos diferentes e a entender todo o processo de organização, consegui ajustar inúmeros processos e modos de trabalho, assim como a forma de liderança que desejava ter na unidade. Foram muitos os *insights* que me atingiram e fizeram meus pensamentos como empresária mudarem, assim como traçar metas e conseguir alcançá-las antes mesmo do tempo previsto.

Mas, falando assim, parece que foi um processo fácil... você acha que não tive desafios nesse meio de caminho? Mesmo tendo passado por todo o processo da terapia, alguns dias a ansiedade quis falar mais alto. As demandas do dia a dia foram – e ainda são – muito grandes, e muitas vezes parecia que eu não aguentaria. Ainda tenho nós na garganta, ainda me perco nos meus pensamentos, mas volto de uma forma muito mais rápida e protegida do que pode me acontecer. Com a terapia, eu aprendi a não me cobrar tanto e não querer ter o controle de tudo, coisas que tornaram minha caminhada muito mais leve e bonita, pois parei de me preocupar tanto com o que poderia ou não acontecer e comecei a olhar mais as paisagens. Aprendi também que se as coisas não acontecerem do jeito que eu desejo, consigo improvisar e me sair da melhor forma possível apenas sendo eu.

Por mais que não tenha sido minha primeira escolha, eu me apaixonei pelo curso de Letras e me senti como uma parte de um todo, mergulhei nas experiências literárias e satisfiz toda a minha vontade de conhecer a língua portuguesa melhor, além de me aprofundar mais na língua inglesa. Eu percebi que a área da educação faz parte de mim e a minha sina seria continuar atuando nela, seja lá de qual forma fosse. Lembro-me que, quando eu era criança, queria trabalhar com algo que pudesse mudar o mundo, e foi o curso de Letras que me abriu as portas para isso.

Começando a trabalhar na unidade de ensino, eu me apaixonei pelo método e por desenvolver pessoas individualmente. Descobri que ali eu conseguiria mudar vários mundinhos que, um dia, mudarão o mundo. E ali, eu mudei o meu mundo também: passei por uma transformação e me descobri profissionalmente. Da Isabela quieta que não conversava com ninguém e tinha medo do que as outras pessoas pensavam, surgiu uma Isabela super comunicativa e, com o tempo, com uma autenticidade sem tamanho.

Eu caí no mundo empresarial "de paraquedas", sem nem saber o que me esperava. Desde então, aprendi que nesse mundo eu até posso estar sozinha, mas não solitária. Muitas das decisões da empresa sou eu quem tenho que tomar, mas tenho uma equipe de apoio por trás, nem que seja somente me ouvindo e me acalentando nos momentos mais desafiadores. Eu sei que sou rodeada de pessoas que me amam e que eu posso contar, independente de tudo. E digo mais, ter as pessoas certas ao meu lado me elevaram muito como pessoa e como empresária.

Com a terapia, aprendi que nosso pensamento dita nosso mundo e foi assim que eu comecei a me tratar com mais amor, entender melhor quem eu sou e me aceitar sem ligar para o que os outros vão pensar. Com isso, passei a me respeitar mais e a reconhecer minhas vontades, validar meus pensamentos e todo o resto que diz respeito a mim. Eu aprendi que eu tenho os meus limites e está tudo bem se isso não agrada o outro, o importante é eu estar bem comigo mesma. E foi assim que eu me ouvi e voltei a fazer aulas de dança.

Eu sei que tudo o que eu vivi foi necessário para que eu chegasse até aqui, inclusive eu não me encaixar em um grupinho na infância. Tudo me trouxe experiências para me tornar quem eu sou hoje, e isso me dá um grande conforto no coração. Meu pai sempre me diz para fazer tudo como deve ser feito, apesar de tudo. Tenho tanto ainda pela frente... sinto que minha transformação ainda está no começo.

Eu confio muito que "há tempo para todo propósito debaixo do céu." (Eclesiastes 3:1) e que tudo o que me aconteceu até hoje já estava escrito. É comum que, às vezes, eu queira que as coisas sejam feitas todas ao mesmo tempo e de acordo somente com as minhas vontades, mas eu sei que Deus está tomando conta e colocando tudo em seu devido lugar, em seu determinado tempo. Eu sei que até aqui Ele esteve atrás de tudo.

Hoje, eu tenho em minha vida tudo o que eu sempre quis e nunca soube e sou grata a tudo o que tenho. Hoje eu me sinto feliz por ser eu e por todas as pessoas que eu tenho em minha volta. Eu me sinto completa e tudo o que eu recebo me transborda, eu sei o que eu mereço e respeito as minhas vontades. Cada dia que eu me conheço mais, eu me apaixono mais por mim mesma. Reconhecer e amar a mim mesma foi fundamental para entender o que eu precisava em cada momento, e espero que lendo minhas palavras você possa começar a se ver com outros olhos, com carinho e amor.

Deixarei aqui algumas coisas importantes que aprendi:

1. lembre-se que para que você fique bem com o mundo, você precisa estar bem com você primeiro;

2. cuide-se com amor e espalhe amor;

3. permita-se viver sem julgamentos e aproveite todos os momentos, a vida é única e cada segundo é precioso;

4. não tente se encaixar onde não te cabe, você é imensa e intensa;

5. tudo acontece como e quando tem que acontecer;
6. seja sincera consigo mesma;
7. aceite somente aquilo que vier para transbordá-la.

Todas as mulheres são luz no mundo. Deixe sua luz brilhar e você verá a transformação acontecendo! Ame-se, ame o que você faz e se permita ser amada.

“

Cuide-se com amor e espalhe amor.

Isabela Cristo

Juliana Cordão

Sou Juliana Cordão, natural de Londrina/PR, e resido em Paranavaí/PR, com minha família: meu esposo Luciano Machado, com quem sou casada desde 2014, e minhas filhas Luna e Laura.

Eu sou psicóloga há 15 anos e trabalhei 8 deles como servidora pública na área social. Após um processo intenso de autoconhecimento, tive coragem de abrir mão do concurso público para seguir minha grande paixão: a Psicologia Clínica. Hoje atendo adultos, de forma individual, que buscam autoconhecimento e transformação pessoal através da psicoterapia.

Minha metodologia busca auxiliar as pessoas a se reconectarem consigo mesmas e darem mais sentido a suas vidas. Entender o passado para compreender o presente é a melhor estratégia para enxergar o futuro de outra maneira e, a partir disso, transformá-lo.

psicologajulianacordao

julianacordao@gmail.com

55 (44) 99804-8137

MULHERES QUE REALIZAM

A VOZ DO CORAÇÃO

11

Por Juliana Cordão

Você já se perguntou o motivo de levantar da cama todas as manhãs e se deparar com uma resposta vazia? E então se dar conta do quanto sua vida não faz sentido? A partir dessa constatação, comecei a me fazer inúmeras outras perguntas e quanto mais as fazia, mais o Universo me levava às respostas e a mais perguntas! Foi assim que comecei minha trajetória de transformação pessoal!

Vivi minha vida até pouco tempo atrás no modo automático, vivendo de acordo com as expectativas das outras pessoas, seguindo o protocolo que me foi ensinado. Estudei muito, entrei e concluí a faculdade, passei em concurso público e assim eu fui sobrevivendo, totalmente desconectada da minha essência e sem me dar conta disso. Mas algo me incomodava internamente e eu não me sentia feliz. Eu não me conformava em viver uma vida sem sentido, trabalhando 8 horas por dia num trabalho sem significado para mim e esperar ansiosamente pelo fim de semana e pelas férias. Eu sempre acreditei que a vida poderia ser muito mais do que isso.

Quando eu comentava que não estava contente com meu emprego, a maioria das pessoas ao meu redor me dizia que eu era ingrata. Afinal, grande parte das pessoas buscava um emprego como o que eu tinha na época: com estabilidade financeira e um bom salário.

Até que no final de 2017, eu conheci um grupo de pessoas inconformadas como eu e que levavam uma vida diferente da minha, com propósito e ânimo em viver! E quanto mais eu me relacionava com essas pessoas, mais eu conseguia ver uma vida diferente e melhor para mim! Foi assim que comecei a entender que meu inconformismo não era ingratidão, mas sim um chamado! Um **chamado** para eu transformar minha realidade!

No ano seguinte, iniciei um processo intenso de autoconhecimento e desenvolvimento pessoal em busca do meu verdadeiro "eu" e do meu propósito de vida, através da psicoterapia. Foi quando eu conheci a metodologia da Biografia Humana por Laura Gutman, que transformou minha maneira de me enxergar e enxergar minha realidade. Com essa mudança de mentalidade, tudo começou a se transformar em minha vida por consequência. É essa metodologia que estudo e utilizo em meus atendimentos hoje.

Através desse processo eu compreendi minha infância, minhas dores. Entendi que "quem eu sou" é fruto de tudo o que eu vivi. E que esse "quem eu sou" hoje, na verdade, não representa nem 10% de todo meu potencial, minha essência.

Tomei consciência da criança que eu fui: boazinha e obediente, que abria mão das próprias necessidades para atender as necessidades do adulto que cuidava de mim, e foi assim que aprendi a me sentir amada. A partir disso, consegui compreender a jovem que me tornei: contida, tímida e cheia de medos, que vivia segundo as expectativas dos outros e seguia infeliz tentando agradar todo mundo. Entendi que essas características, na verdade, não representam quem eu sou, mas representam toda armadura que eu criei devido à história que vivi.

A metodologia da Biografia Humana é um resgate do nosso passado para entender que quem somos hoje na verdade é um "personagem" (o que muitos chamam de ego). Somos um personagem que criamos para sobreviver ao desamparo sofrido em nossa infância. E esse personagem esconde nosso ser essencial, cheio de luz e potência. O grande propósito é aprendermos a sair do nosso personagem para irmos acessando cada vez mais nosso ser essencial.

Quando começamos a entender o mundo através da lente da natureza humana, compreendemos que somos Natureza. E assim como uma flor nasce para ser uma flor, nós humanos, nascemos para sermos humanos. Uma rosa vai desabrochar como uma rosa, assim como uma margarida vai desabrochar como uma margarida. Cada um de nós nasce com temperamentos próprios, com potencialidades próprias, que serão desabrochadas ou não, dependendo do contexto em que vivemos.

Nascemos com todo potencial para ser quem nascemos para ser. Mas ao longo da nossa história, vamos nos distanciando dessa essência para sobreviver ao desamor e desamparo que vivemos desde a infância. Por isso, esse potencial está escondido na criança que fomos e reencontrá-la e acolhê-la é fundamental para começar a desenvolver essas potencialidades.

Durante toda essa minha busca por quem eu sou em essência, constatei o seguinte: sou um ser humano de luz que veio ao mundo para entregar aquilo que tenho de melhor. Assim como todo ser humano!

Hoje eu sei que entrego o meu melhor à humanidade através das minhas habilidades, dos meus valores e do meu propósito de vida. Por meio da psicoterapia, redescobri minhas habilidades, como a empatia, a escuta ativa, a compreensão. Tive clareza dos valores que me guiam, como família, evolução permanente e respeito. E tomei consciência do meu propósito de vida, que é desenvolver minha autoconfiança e minha coragem para agir sempre de acordo com aquilo que meu coração deseja. E nesse meu caminho de evolução ajudar as pessoas ao meu redor a fazerem o mesmo. Isso significa para mim nos reconectarmos com quem somos em essência e dar mais sentido à vida. Esse é meu propósito com as pessoas que me procuram.

Nesse caminhar eu também compreendi o fato mais importante para a mudança: o conceito da autorresponsabilidade. E entendi algo que me doeu muito: todo meu sofrimento, hoje enquanto adulta, foi criado por mim. Doeu, mas também me libertou, porque a partir de então eu compreendi que só dependia de mim fazer diferente e mudar o que eu gostaria em minha vida.

Com a psicoterapia aprendi a ver meus "automáticos", ou seja, os padrões do meu próprio personagem. Com essa consciência, me permiti dar pequenos passos de mudança. E um dos fatos mais marcantes do meu personagem é o medo. Percebi o quanto era guiada por ele. Em todas as minhas escolhas, era o medo que falava mais alto. Ele me impedia de ouvir meu coração e de seguir o caminho pelo qual meu coração vibrava. Era meu personagem cheio de medo que me afastava da minha essência, da voz do meu coração.

A verdade é que a mente grita, enquanto o coração sussurra. Não é fácil para nós, adultos, ouvirmos o que diz nosso coração. Nossa mente está cheia! Cheia de pensamentos, crenças, julgamentos! E ela fala muito alto o tempo todo! Se formos no mais profundo dos nossos pensamentos, encontraremos uma coisa que está por trás de todos eles: o medo! O que nos afasta do coração é o medo!

Por causa do medo vivemos evitando que algo ruim aconteça, buscamos a segurança, o previsível e a estabilidade. Quando caminhamos pelo medo fazemos o que os outros esperam que façamos! Seguimos com padrões pré-estabelecidos, para não corrermos tantos riscos. Era assim que eu vivia.

Em contrapartida, quando somos movidos pelo nosso coração, nosso Eu autêntico se faz presente e nos motiva a seguir adiante, rumo a um caminho novo, que é só nosso! É quando passamos a não mais viver pelos outros e começamos a viver por nós mesmos, pelas nossas convicções, pelos nossos desejos. Escolher ouvir nosso coração é a decisão mais importante de nossas vidas! E ouvi-lo não é assim tão fácil, até porque no começo não conseguimos ouvi-lo claramente.

"Se você consegue ver a estrada muito bem delineada a sua frente, saiba que essa não é a sua estrada. Seu caminho é você quem faz, passo a passo. É por isso que é seu." (Joseph Campbell). Ouvir o coração é caminhar nessa estrada, desconhecida, construída passo a passo e só sua!

Como eu disse, iniciei meu processo de autoconhecimento em 2018 e foi somente em 2021 que tive coragem para abrir mão do concurso público e ouvir meu coração. Ele sempre me disse que meu desejo é ajudar as pessoas através da psicoterapia, atendendo individualmente adultos para que também consigam ouvir o próprio coração. Mas só então eu consegui ouvi-lo!

Nesse meio tempo, entre começar essa trajetória de autodescoberta e de fato entrar em ação, precisei mudar muita coisa dentro de mim primeiro. Cada pessoa é única, cada pessoa teve sua própria infância e vive sua própria história. Cada uma tem seu próprio tempo, seu próprio ritmo, não tem como comparar.

A maioria de nós anseia por mudanças rápidas, vivemos em um mundo muito acelerado. Mas quando falamos em mundo interno, precisamos entender que tudo é um processo, nenhuma mudança é rápida e radical. Primeiro tomamos consciência, compreendemos o que nos aconteceu e como materializamos o presente a partir disso. Só depois conseguimos vislumbrar um futuro diferente. É essa mentalidade que permite que nos transformemos.

E mudar dói! Foi muito difícil resgatar meu passado, deparar-me com minhas dores, encarar de frente meus maiores medos! E doeu bastante enxergar o quanto eu mesma não me respeitava, não me valorizava, não me acolhia, não acreditava no meu próprio potencial! Me machucou entender que eu mesma produzia meu próprio sofrimento, que meu medo me paralisava e me impedia de seguir a vida adiante! E a verdade é que esse medo ainda vem hora ou outra, mas hoje já consigo lidar com ele.

Mudanças são difíceis, podem demorar e são dolorosas. Mas é preciso dizer que o mais difícil mesmo é ver a vida passar e permanecer na inércia. A verdade é que dói muito mais viver na irrelevância, sem ver sentido nas coisas, apenas sobrevivendo. Dói muito mais viver amortecendo a raiva ou a tristeza de uma vida sem graça e sem cor. Dói muito mais negar o sofrimento, inventar desculpas mentais para dar conta da tristeza, do inconformismo, da raiva e aceitar toda a violência a que nos submetemos para continuar sobrevivendo.

Mudar dói, mas dói muito mais continuar no sofrimento!

A verdade é que a mudança traz uma crise, desmascara tudo aquilo que estávamos escondendo debaixo do tapete. E se soubermos olhar para essa crise com um novo olhar, poderemos ver a grande **oportunidade** que ela nos proporciona!

Já parou para pensar que se não tivéssemos nenhum incômodo, ficaríamos estagnados? Imagine você sentada em uma poltrona super confortável, tranquilo. Você sairia dela? Provavelmente não, a não ser que sentisse sede ou fome, só assim sairia para beber ou comer. Percebe que é somente um incômodo, uma crise que nos movimenta? E a vida é movimento! Estamos aqui para evoluirmos como seres humanos, e, nesse caminho de evolução, oferecermos nosso melhor à humanidade. Cada um de nós tem seus próprios desafios, e são eles que nos fazem crescer!

Somos complexas! Somos maravilhosas! Somos humanas. O importante é estarmos cada dia mais conscientes! E, assim, mais próximas do nosso **ser**!

Só não podemos nos acostumar a viver mal! Não podemos nos acostumar com a dor, com a solidão, com o desamor, com a indiferença, com o estresse. Isso não é natural! Nosso natural é o amor, a solidariedade, o cuidado, o acolhimento, a alegria, o respeito!

O caminho é acolher a nós mesmas, nos envolver, nos dar o que precisamos, desprender nossos dons e talentos ao mundo, oferecer nosso melhor aos outros. É só assim que podemos nos sentir cheios de energia e conectados com nossa própria natureza!

É por isso que eu sempre digo que o autoconhecimento é a chave! É a chave mestra capaz de nos abrir várias portas, a maioria das quais nem enxergaríamos na escuridão da nossa própria ignorância a respeito de nós mesmos. E quanto mais portas abertas, maiores serão as oportunidades de escolher uma vida mais conectada com quem somos de verdade; e, quanto mais conectados com nossa essência, mais leves e felizes viveremos!

Conhecer nossa história, nossos medos, tornarmos responsáveis pelas nossas emoções e atitudes. Isso traz liberdade! Trabalhar sobre si mesmo é a única maneira de encontrarmos a paz! Liberdade para ser quem somos é tudo o que nossa alma pede!

E eu ouso dizer que talvez a característica mais importante que precisamos desenvolver para sermos líderes da nossa própria vida é a **coragem**! E digo isso porque é preciso ter coragem, muita coragem para seguir os desejos de nosso coração, sair das expectativas das outras pessoas e tomar as rédeas da própria vida!

Coragem significa **agir com o coração**. Por isso, coragem é algo que vem de dentro, porque precisamos saber ouvir nosso coração, afinal é ele que aponta a direção. E quando temos a certeza para onde ir, a certeza da ação vem junto! É assim que desenvolvemos nossa coragem!

Mas tem algo sobre coragem que precisamos considerar: coragem também é algo que vem de fora! A coragem também vem do apoio que sentimos dos outros. As relações que promovemos, as pessoas à nossa volta que se preocupam conosco e que acreditam em nós são capazes de fortalecer nossa coragem. E é por isso que é muito mais fácil ser corajoso e feliz em meio a relacionamentos saudáveis!

Só quando encontrei pessoas que viviam uma vida com propósito, foi que entendi que meu inconformismo lá atrás era na verdade um chamado para que eu também buscasse uma vida com mais propósito. Elas fortaleceram minha coragem de agir conforme meu coração. E, quando tomei a atitude de fazer a transição de carreira de servidora pública para psicóloga clínica, tive o apoio do meu marido, que também foi capaz de fortalecer minha coragem de ouvir meu coração.

Busque autoconhecimento! Busque também se relacionar com pessoas capazes de enxergar o quão incrível você é. E tenha coragem de ouvir a voz do seu coração e agir de acordo com ele. A felicidade não é algo estático, ela está no processo de viver superando os desafios, aprendendo com eles e deixando fluir cada vez mais a luz que há dentro de você.

"A felicidade é quando as metas da natureza se realizam através de você." (Lúcia Helena Galvão).

No fundo, somos todos iguais! Uma centelha divina aqui na Terra. Um pedacinho de Deus encarnado em um corpo humano dotado de vitalidade. Cada um com um potencial único que, se tratado com amor, carinho e proteção, é capaz de desabrochar naturalmente e, assim como uma flor, transformar o mundo ao redor com beleza, perfume e esplendor!

"Cada ser só se realiza sendo aquilo que é, cada um tem uma palavra a acrescentar à melodia da vida." (Lúcia Helena Galvão).

Ouvir o coração é deixar desabrochar a divindade que há em nós!

“

Liberdade para
ser quem somos é
tudo o que nossa
alma pede!

Juliana Cordão

Kelly Moreno

Sou Kelly Moreno Munhoz Conte, contadora, tributarista, empreendedora e com sede de solucionar os problemas empresariais e tributários das pessoas e empresas. Mãe, esposa, filha, irmã e dona de gatos, amo-os!

Sou apaixonada pela contabilidade e pela solução assertiva que ela pode trazer para qualquer pessoa e negócio, desmistificando riscos e alterando percepções equívocas do empreendedor em relação às demandas do cotidiano das empresas.

Gosto da simplicidade e da persistência como algo intrínseco no meu "mundo". Caráter é algo imprescindível para o crescimento.

kellymoreno.tributos

kontecontabilidade

konte@konte.com.br

(44) 99815-0633

MULHERES QUE REALIZAM

DA DEPRESSÃO E OBESIDADE AO RENASCIMENTO 12

Por Kelly Moreno

Nasci em maio de 1982 na linda cidade de Maringá/PR. Filha de uma dona de casa "caipirinha", ou seja, da "roça" e de um motorista de ônibus e caminhão. Meus pais tinham pouco estudo; meu pai, Elias, havia estudado até a 4ª série e minha mãe até a 8ª. Tive pais maravilhosos, mas sentia muita falta do meu pai no dia a dia, por ele sempre viajar. Meu orgulho maior era ver meu pai dentro do ônibus. Eu enchia a boca para dizer que era o meu pai. Vivia bem arrumado e cheiroso. Sempre tive esse apego a ele, pois desde pequena me contavam a história de que ele queria muito ter uma menina de cabelo comprido, então surgi. Meu irmão veio primeiro, ciumento até hoje, mas como o amo! Minha família nunca foi de abraçar e beijar, mas sempre fomos respeitosos uns com os outros e unidos.

Fui ensinada desde pequena sobre a palavra de Deus, sempre fomos cristãos. Amava cantar no coral de crianças da igreja e disputávamos entre si quem sabia mais versículos bíblicos! Eu amava!

Quando eu tinha 2 anos, fomos morar na cidade de Sinop/MT, onde meus avós maternos Ervino Langer e Leonina Langer haviam ido para desbravar a região. Lá em Mato Grosso vivi até os 7 anos, lembro-me que eu e meu irmão fizemos muitas aventuras por lá. Eu só brincava praticamente com ele: era caminhão na terra, era achar formigão no terreiro de casa e do que mais gostava era quando surgia o arco-íris e íamos à mata, na frente de casa, achar o barril de tesouro que estaria no começo do arco-íris. Tempos bons! Acreditávamos que as coisas eram um conto de fadas...

Meu pai trabalhou bastante e minha mãe sempre o ajudou muito, cuidando de nós e fazendo coisas gostosas para vender, sempre amei comer doces, era uma "formiguinha", igual meu avô paterno Afonso. Lá vinha ela com uma bacia de sonhos de doce de leite e goiaba! Jesus, eu amava! E com esse incentivo todo, claro que com o passar do tempo fui ganhando mais peso: com 9 anos eu já tinha 45 quilos, com 13 anos fui para 90 quilos e assim indo e vindo. Na escola, sofri muito *bulling* por ser gordinha, não podia entrar na fila da merenda que me chamavam de baleia e diziam que eu iria comer toda a comida. Sofria muito, mas eu tinha meu irmão que me defendia e, como popular da escola, ele fazia os agressores me pedirem desculpas de joelhos.

Com 16 anos, comecei a trabalhar, sempre fui incentivada a correr atrás dos meus objetivos. Com 18, fui operadora de caixa de um mercado enorme, chegava de madrugada em casa. Consegui ser selecionada no meio de 40 pessoas, devido a um teste de inteligência em grupo e até hoje não sei como consegui passar!

Sempre tive dificuldade em leitura rápida e concentração, e, para que eu consiga me concentrar no que estou lendo, tudo ao redor tem que estar em um absoluto silêncio. E mais, preciso escrever todos os pontos da leitura que me chamaram atenção, pois minha didática sempre foi escrita, por esse motivo eu escrevo o que leio, para me lembrar depois.

Por incrível que pareça, sempre gostei de português e matemática ao mesmo tempo e em casa criei um cronograma semanal de estudos. As paredes do meu quarto e o guarda-roupa eram cheios de anotações de matérias. Nossa! O guarda-roupas era o que mais tinha coisas grudadas (risos). Com todo o esforço, consegui passar no terceiro vestibular da Universidade Estadual de Maringá (UEM), em 2003. Era o sonho começando: passei em Ciências Contábeis, curso que eu sempre quis. Havia gabaritado na prova de inglês e na de matemática e errado muito pouco o restante das questões.

A festa foi grande em casa quando souberam! Meu sonho sempre foi de poder ajudar pessoas e empresários a terem nos seus números a urgência de resultados satisfatórios com legalidade e honestidade, os quais pudessem tomar decisões assertivas nos seus negócios. Isso é o que me move até hoje.

Mas quando entrei na universidade, descobri que era mais fácil entrar do que sair dela! Quantas lutas!

Trabalhava o dia todo, pois no primeiro ano já consegui estágio na prefeitura, no qual passei 2 anos e ia a pé da prefeitura, onde estagiava, até o curso, sem tomar banho (que vida!), comia no restaurante da UEM e chegava em casa todos os dias por volta da meia-noite, no último ônibus que tinha. Esse foi o período que mais emagreci, cheguei no meu peso ideal de 68kg, nunca tinha sido magra! Os dias piores eram aqueles em que eu estava menstruada e os banheiros da UEM eram horríveis e sujos. Nesses dias, eu só pensava em tomar banho e não podia.

Não gostei dos primeiros anos da universidade, mas quando chegou no terceiro ano, começou a matéria de Contabilidade Tributária e essa me encantou. Ninguém gostava dela, somente eu que já trabalhava com o setor no escritório contábil, nesse período eu trabalhava no setor que fazia os tributos para as empresas dos clientes. Eu e o professor trocávamos experiências e foi aí que comecei literalmente a gostar do curso e me dedicar mais.

Assim foram 5 anos de lutas na universidade, no terceiro ano fui estagiar em um escritório contábil pequeno, começando a fazer escrita fiscal e contabilidade, fui registrada nesse escritório, então recebi uma oferta para ganhar o dobro em outro. E assim, segui na minha carreira profissional, cheguei a trabalhar em um dos maiores escritórios da região, no qual aprendi de fato o que era a contabilidade bem realizada e de forma mensal. Eu amava trabalhar lá, aprendi muito, cuidava de empresas grandes. O que mais chamou minha atenção e me cativou naquele escritório era os cursos que nós mesmos fazíamos internamente. Estudávamos várias matérias relevantes e importantes e cada grupo falava sobre o seu tema, montávamos até o material didático. Quanto conhecimento adquiri ali!

No final de ano de 2006, comecei a namorar. Havia me frustrado com relacionamentos anteriores e tinha feito um pacto com Deus que ficaria por um ano sozinha até que ele enviasse alguém do jeitinho que eu precisava. Orava todos os dias para que Deus me desse um homem com os princípios de fé iguais aos meus. E não é que Deus me respondeu?

Em 2010, aconteceu algo em minha vida que levarei comigo para sempre: meu casamento e o nascimento do meu filho Arthur. Não sabia até então o que era amor! Meu filho me deu mais coragem e espírito empreendedor, pois eu pensava que tinha que ser a melhor mãe e sustentar ele ao ponto que ele fosse melhor que eu, em tudo. Com a gravidez, engordei 30 quilos. Depois que ele nasceu, eu ficava noites sem dormir e no trabalho chegava a cochilar na mesa, porque ele tinha asma na época. Com todas essas mudanças na minha vida, só fui engordando, tinha um estresse tremendo e uma ansiedade que me davam vontade de "comer o mundo".

Resolvi comprar uma parte de um escritório contábil em 2018 e me dei muito mal. Perdi tudo o que tinha conquistado com os meus pequeninos clientes e o acerto do trabalho do escritório anterior. Eu tinha 3 sócios que eram machistas e gananciosos. Entrei em depressão, com dívidas enormes e, para complicar ainda mais, fundiu o motor da van com a qual meu esposo trabalhava na época, que era também nosso "ganha-pão". Ficamos com uma dívida de cerca de 100 mil reais do financiamento do meu carro e do motor da van. Passamos pelo momento mais difícil de nossa vida. Eu só chorava e fiquei muito estressada, então a depressão começou a me envolver.

Ela me dizia que eu não era capaz, que eu tinha feito tudo errado, que estávamos naquela situação porque eu própria havia cavado aquilo. E comecei a comer mais ainda do que o normal. A ansiedade me pegou de jeito! Comer e mastigar era tudo de bom que estava acontecendo em minha vida naquele momento e assim foram alguns anos.

Comecei a trabalhar em outro escritório grande, em outubro de 2019. Lá fiquei apenas 9 meses, foi quando os clientes do meu escritório começaram a aumentar, nessa época eu só trabalhava à noite nele, mas já não estava dando conta e, com a pandemia, em 2020, dobrou o número de clientes. Nesse período, eu já tinha chegado aos 97 quilos, pois com a ansiedade de chegar em casa e continuar trabalhando também, cuidar da casa e dar atenção para o meu filho, a minha cabeça e boca só pediam para mastigar. Mastigava até antes de dormir, era meu alívio de tudo.

Em janeiro de 2021, aluguei a primeira sala do escritório, pois não aguentava mais trabalhar na minha casa, apertada em um quarto. Foi um grande passo! Mas nunca tive medo de dar passos para realizar os meus sonhos. Foi nesse momento, com a quantidade de clientes crescendo, a ansiedade tomando conta e a depressão aparecendo, que engordei tanto que cheguei aos incríveis 115 quilos, com 1,68 de altura. As minhas costas não aguentavam mais levar o peso, descobri que a hérnia de disco da minha lombar havia saído e comprimido o nervo ciático e eu deveria operar a coluna. Não conseguia andar mais de uma quadra, nem me limpar e me higienizar adequadamente. Tentei inúmeros tratamentos com ansiolíticos, remédios e nada. Já não saía mais de casa, tentava me esconder das pessoas, odiava tirar fotos. Eu tinha em minha cabeça que por ser gorda, as pessoas não iriam me dar credibilidade, que iriam me achar fraca por não conseguir ao menos fechar a boca para não comer aquelas gostosuras.

Foi quando eu resolvi dar um basta nisso tudo! Descobri também, pelos exames, que estava pré-diabética e com e esteatose hepática, de onde adivinha minhas dores. Procurei um médico indicado pelo meu irmão enfermeiro, fiz os exames médicos para ver a aprovação pelo convênio médico para fazer a cirurgia bariátrica e tudo deu certo. Em março de 2021 eu nasci de novo!

No primeiro mês, eu emagreci 17 quilos, e a dieta, durante um bom período, foi líquida e pastosa. Não sentia fome, nem vontade de comer, mas tentei sempre fazer o máximo possível para equilibrar os cuidados médicos. Completados os 6 meses, já tinha perdido 35 quilos, mas com isso perdi muito cabelo. Foi uma fase difícil, pois a reação maior do corpo acontece nesse período, porém fui contornando as situações conforme foram aparecendo.

Aquela que odiava fotos, hoje ama! Aquela que se escondia de tudo e todos, hoje quer aparecer! Aquela que não se achava capaz de conquistar coisas maiores, hoje conquistou. A minha mente, junto com a obesidade, me limitava tanto que não consigo mais me enxergar como antes. Me sinto muito bem hoje, consigo me alimentar bem e viver normalmente. Mudei todo o meu guarda-roupas, comecei a valorizar as minhas curvas e dar mais atenção à aparência, mas não deixando de lado a minha simplicidade. Pela primeira vez, fiz fotos somente minhas, fiz maquiagem e me "achei" (risos) e por incrível que pareça, consegui postar nas minhas redes sociais. Sempre fui vergonhosa!

Com isso, eu comecei a realizar parcerias com grupos de *networking* e mentorias, terminei minha qualificação tributária com um MBA. Meu escritório cresceu tanto que triplicou de tamanho. Mudamos de endereço em novembro de 2023, pois Deus me mostrou esse outro local e me apaixonei, um ambiente maior, moderno e muito bonito, para dar mais aconchego aos colaboradores, clientes e parceiros, que poderão usufruir do escritório e da nossa nova sala de reunião e *networking*. Tenho uma equipe maravilhosa!

Eu não sei como agradecer a Deus por tantas bençãos! Deus me tirou de uma depressão severa e mudou a minha vida tão absurdamente! Tenho inúmeros projetos, sonhos e muitos planos agora. Quero me qualificar ainda mais, pois eu e todos ao meu redor merecem.

Hoje penso que eu nunca fui a primeira da escola, a primeira a passar no vestibular, mas sempre fui esforçada. Enquanto alguns estavam fazendo coisas que não os levavam para o objetivo maior, eu fazia. Quantas vezes passei a madrugada trabalhando e cheguei a dormir no chão do escritório, para dar conta das declarações a serem passadas com seus prazos curtos! Quanto aprendizado tudo isso me proporcionou!

O que podemos fazer hoje para mudar nossas realidades? Pois ficarmos esperando não irá adiantar nada! Conheça pessoas, saia do casulo e renasça novamente. O mundo é pequeno para quem tem força de vontade e persistência! Reclamar não irá resolver! Tenha mais gratidão!

Não tenha problemas, resolva os problemas. Hoje ganhamos a vida resolvendo problemas então temos que ser a solução para as pessoas!

Agradeça a Deus pela sua vida diariamente, se coloque nas mãos dele, pois ele tem infinitamente mais para te dar.

“

Nada impede
o persistente e
corajoso! Ele pode
cair, errar, mas se
levantará sempre!

Kelly Moreno

Maria Leonilda Garbelini

Eu sou Maria Leonilda Garbelini, conhecida por todos como Leo... Bem, farei uma pequena e curta apresentação sobre minha pessoa, minha alma já definida como peregrina.

E muito mais que isso, a neta de uma índia que se colocou na vida como fênix, aquela que renasce das cinzas após cada queda, cada dor... da dor traz o amor. E é o próprio amor à vida que a faz caminhar e seguir colorindo seus dias com muita esperança e fé num Criador que a observa com amor e diz: "Vai, filha! Vai ser guache na vida... seja feliz, pois um dia estaremos juntos"... Daí a dor e o desamor nunca mais farão parte de nossas vidas porque no amor eterno só há amor.

Confie e siga. Essa é a fênix, a Leo, que renasce a cada dia no seu mais belo esplendor do amor.

Aqui, em 5 páginas, apresento a vocês a pequena Maria.

marialeonildagarbelini

A PEREGRINA, ETERNA APRENDIZ

13

Por Maria Leonilda Garbelini

Vivendo no tempo real...

A você, leitora, que está lendo este texto ... te desejo bom dia, boa tarde, boa noite! É o teu tempo dentro do meu tempo. Peço a permissão para narrar a história de uma garotinha que desde o ventre materno era uma "peregrina neste planeta" e na sua fase adulta continua como uma eterna aprendiz a caminhar. Essa garotinha sou eu. Quando digo "peregrina", é porque desde que fui gerada minha vida foi assim, desde sempre.

Meus pais fixaram residência por um tempo em um pequeno distrito chamado Água Boa (o porquê desse nome: a água lá é tão pura que se tem uma distribuidora de água mineral), realmente a água é boa. Meu nascimento foi invejável, fui a primeira netinha menina e a primeira filha. Uma linda garotinha descendente de um italiano, meu bisavô que veio para o Brasil com 8 anos. Eu o chamava de Vovô Velho. Mesmo de muita idade, morreu lúcido e amava dançar (era sua paixão), além do amor à terra.

Voltando à garotinha de olhos azuis, cabelos dourados e cacheados, com os fios tão claros que a luz solar os transpassava. Por que o título de peregrina do planeta? Bem, meus pais moravam em Água Boa e no dia do meu nascimento, meu tio João, o único farmacêutico da cidade, percebeu que não seria um parto normal, pela idade de minha mãe, que era uma jovenzinha. Nasci no hospital em Maringá pelas mãos do Dr. Rui

Ferreira e fui registrada em Paiçandu, no cartório Monteschio, porque o dono do cartório era amigo de meu pai e de minha família.

Meu pai, Antônio Garbelini Filho, era formado em Contabilidade em Maringá, e quando eu nasci, ele tinha a única loja de armarinhos do distrito, onde vendia roupas, sapatos, tecidos etc., na pequena cidade. Era o filho de Antônio Garbelini, único barbeiro da cidade e proprietário de um pequeno sítio, que produziu muito café até 1975, quando a geada negra mudou a economia do Paraná. Onde o café reinava, nasceu a soja, mudando toda a paisagem do nosso estado, e até hoje, 2024, predomina a soja no sítio de meu avô paterno.

Agora um pouco de meu avô materno. Raimundo de Oliveira trabalhou e aposentou-se na rede ferroviária, um dos transportes mais importantes da década de 1860, onde Dom Pedro II inaugurou a Central do Brasil, ligando Rio de Janeiro e São Paulo e que depois foi para todo o Paraná. E nessa mesma década, meus avós maternos e paternos — um sitiante e o outro funcionário da rede ferroviária federal — viveram as décadas de ouro do café. O avô materno tinha um pai que era um grande fazendeiro e utilizava o caminhão da fazenda também como transporte. O bisavô materno português era casado com uma índia.

Eu, a pequena Maria, cresci escutando as histórias de minha mãe, Elza Aparecida Garbelini, que me contava assim: o meu bisavô se apaixonou pela Inhá, a bisavó, e a roubou de sua tribo de índios. Ela contava que ele dava vestidos e roupas lindas para vovó e ela tirava, ficava nua, subia nas árvores e tentava fugir, mas os capatazes da fazenda cuidavam para que isso não acontecesse. Ela tentou fugir até engravidar de seu primeiro filho, que foi muito amado por ela e também gerou outros filhos. Minha mãe contou o quanto a vovó Inhá amou o bisavô português e foi a avó mais amorosa - e quão guerreira ela era - zelosa com seus netos e com o vovô. A vida de minha mãe também daria uma outra história, pois foi guerreira, mulher forte e minha melhor amiga.

Voltamos ao avô paterno: italiano, carrancudo e de poucas palavras. O seu pai, meu bisavô, era um italiano risonho que me ensinou a dançar a primeira valsa no baile de formatura na 8ª série.

Maria Leonilda Garbelini

Sobre a infância: minha mãe todas as noites escutava suas novelas e músicas em uma radiola de dois metros de altura... antes disso, tínhamos todo um ritual: escovar os dentes após o jantar e com nossos pijaminhas feitos por suas próprias mãos, deitávamos ali no tapete e ouvíamos músicas, novelas e muitas histórias de literatura infantil antes de irmos para a cama e fazer as orações noturnas. Isso acontecia diariamente, pois minha mãe era devota de Nossa Senhora Aparecida. E por que tantos livros de literatura infantil?

Nessa época, meu pai era representante de enciclopédias e livros em todo o Paraná, percorria as cidades com as vendas. Então, minhas noites eram assim, em um enorme tapete diante de uma radiola; ali reinava o amor e a imaginação voava nos pensamentos da pequena Maria. Até meus 6 anos, era muita literatura, músicas, morávamos em Toledo. Tenho lindas recordações do Colégio La Salle, onde o espaço que eu mais gostava era uma sala enorme que tinha um tapete vermelho separando as cadeiras. Lá, eu assistia cantos e apresentações.

Minha mãe passou a vida contando que tia Vera Lúcia me levou na única rádio da cidade para cantar a música "Prova de Fogo", da cantora Wanderléia, sem que meu pai soubesse. Mas quando ele ouviu a canção, chorou. Será que ele chorou?! Hoje eu acredito que sim, pela sua sensibilidade de alma, onde basta ele me olhar e eu já compreendo tudo. Ele é meu melhor amigo, homem de poucas palavras, muito sábio. Ah! Como eu gostaria de ser calada como ele é (risos). Fica então em minha memória os bons tempos de Toledo.

Ainda nos meus 6 anos, meus pais se mudaram para a Vila Operária, em Maringá. Recordo-me que a casa era alugada, chovia dentro, era feia e velha, embora fosse muito limpa e minha mãe mantivesse todo o ritual de escovar os dentes e fazer as orações antes de dormir, porém já não existia a radiola enorme, nem seus amigos de colégio, nem mesmo a Kombi e o Jeep.

Eu me via em casa ajudando a mãe com os meus irmãozinhos e ia, ainda pequena, com um pequeno bilhete no bar e mercearia na Avenida Laguna, na Vila Operária de meu pai. Lá eu pedia para lavar os copos e voltava para a casa com as frutas e encomendas de minha mãe. Pelas ruas, sozinha, onde alguns meninos mexiam comigo por ser uma linda garotinha de pele e cabelos muito claros, ainda por cima muito séria, eu não olhava para eles que gritavam muitas vezes me chamando de "branquela" e "polaca", eu detestava e ficava muito triste. Além da vida ser difícil e a escassez de todas as coisas materiais, hoje tenho entendimento de ter sofrido vários tipos de *bulling* na infância, já superados na fase adulta. Hoje, vejo tudo como oportunidade de novos tempos e crescimento espiritual para toda diversidade de minha vida.

Minhas roupas do colégio eram usadas e doadas pela escola, os cadernos eram folhas de embrulho de pão que vinham da mercearia e eu coloria: fazia as linhas e margens e minha mãe grampeava as folhas, que se tornavam cadernos para mim e minha irmãzinha Márcia. Eu também usava esses papéis para brincar de escolinha com meus irmãos. O Marcos, meu irmão, era arredio, fugia com uma bicicletinha de alumínio velha, provavelmente de doação de algum parente, enquanto eu e minha irmã coloríamos os papéis e brincávamos de escolinha e casinha. Aos 7 anos, já em casa própria, minha mãe deixava eu fazer um fogãozinho de tijolos e cozinhávamos nas latinhas de sardinha e massa de tomate. Ela nos dava o arroz e pegávamos na horta tomate, cenoura, beterraba e almeirão, então os 3 irmãos comiam como um banquete em nossas brincadeiras de criança, tudo sobre os olhos de proteção de minha mãe, Elza Aparecida Garbelini. Por que Aparecida? Mais uma vez, era muito devota de Nossa Senhora Aparecida. Quando terminavam as brincadeiras, lá vinha ela gritando: "Hora do banho!". E o ritual começava novamente.

Essa nova casa meu avô e meu pai construíram com suas próprias mãos, desde o emadeiramento até a parte elétrica, e até hoje, para mim, foi a casa mais linda desse mundo. Lembrando aqui do ritual dos sábados: minha mãe pegava de um lado na mãozinha da Márcia, do outro lado, a do Marcos e eu na outra mão dele, e assim íamos para as missas e depois íamos nos deliciar com as gostosas pipocas do Sr. Natal, um homem negro que, até poucos anos, ainda vendia pipocas na Paróquia São José, na Vila Operária. São memórias inesquecíveis: as pipocas mais saborosas de toda minha vida.

Avó paterna: meu amor pela música e dança veio dela, Dona Diô, que tocou gaita até seus 99 anos e 7 meses, morreu por uma queda, onde quebrou o seu quadril. Quando eu ia em sua casa, a cozinha era enorme, com fogo à lenha, uma mesa grande e o piso era de madeira vermelha. Lá, a minha tia Mariazinha, eu e minha avó ficávamos em cima de tecidos de lã (roupas velhas) e ao som do pequeno rádio dançávamos sobre as tábuas e quanto mais dançávamos, mais o piso brilhava. Ali, laços de amor eterno nasciam e cresciam. Em minha memória ficou marcada a Vó Diô, tia Mariazinha e tia Elizabeth que traziam sacos de roupas e tantos outros de feijão, café, manga, ponkan - laranja do sítio do meu avô. Entregavam tudo com muito amor o que podiam trazer.

Na minha adolescência, ficou também tia Meire e Edinha, minha prima, em minha memória e no meu coração. Tia Meire e a tia Mariazinha eram amigas e confidentes de minha mãe. Tia Meire com seu lindo olhar, ouvia minha mãe e algumas vezes, com sábias palavras, a auxiliava. Edinha, minha prima, era e é ainda hoje uma linda mulher, com uma família admirável. Ela em sua adolescência também trazia sapatos e roupas. Ah! Tinha uma saia de pregas e um tênis de nome Bamba que jamais irei esquecer. Como amei aquele Bamba em meus pés e, mesmo usado, era como se tivesse saído da loja para meus pés!

Acredito que dos 6 anos até a fase da adolescência, usei muitos calçados de doações, tanto que hoje tenho os dedos um em cima do outro, talvez por ter usado alguns que mesmo apertados eram o que eu tinha naquele momento. Para mim, são preciosas recordações que formaram o meu caráter e a minha pessoa e me ajudam a seguir com muita esperança no meu futuro.

Minha mãe era costureira e fazia toda a adaptação das roupas de minha tia e prima que vinham para nós. Na Páscoa, ela como uma artista plástica, coloria as casquinhas de ovos de galinha, as quais guardava anteriormente, lavava e juntos pintávamos. E após tudo isso, ela preenchia com amendoim, do sítio do meu avô paterno e fazíamos as cestinhas. Na nossa inocência, ajudávamos... ela escondia até a Páscoa, quando nos entregava. E isso era a maior felicidade para nós. Ela sempre dizia que se fôssemos bonzinhos e obedientes ganharíamos os ovinhos e quem desobedecesse teria uma marquinha do coelhinho (risos). Em uma Páscoa, minha irmãzinha acordou com uma marquinha de beijo no bumbum e compreendeu que estava fazendo algo errado, o tal xixi na cama, porém era pequena e isso era comum aos pequenininhos, que, mesmo indo ao banheiro antes de se deitar, corriam esse risco, né? Quantas lembranças maravilhosas de tanto amor vivido!

Em meus 14 anos, nasceu minha quarta irmã, de olhos verdes, uma menininha linda de nome Michele. Nessa mesma fase, eu comecei a trabalhar, muito a contragosto de meu pai, porém minha mãe, guerreira, comprou minha briga e ele se rendeu ao saber que eu iria trabalhar no Escritório Bandeirantes de Contabilidade, de seu amigo advogado Jorge Ferreira. Fiquei lá até 17 anos. Na fase dos 14, passei a trabalhar o dia todo e estudar à noite com a autorização de um juiz, a qual meu pai assinou, mesmo não gostando da ideia. Todo o dinheiro desse trabalho ficava para mim. Com essa mesma idade, sentada em frente à minha casa, confidenciei a Tereza, minha amiga, o desejo de ir ao convento e ser freira. Porém, aos 17 anos, me casei; aos 19, me tornei mãe do Humberto; e, aos 21, do Alexis.

Durante minha vida adulta, me formei em Modas, fiz curso de extensão em Artes Visuais na UEM, com a famosa artista e mestre Tania Regina Machado, que me orientou a expressar a minha arte nas cores. Não gosto muito de desenho, porém aprendi várias técnicas, inclusive grafite, desenhando com o lado esquerdo do cérebro. Fiz o curso de estética e reflexologia na Ágata Cursos Técnicos, barra de access (EUA) e corte e costura, com Dona Maria Schima.

Voltando aos filhos, Humberto hoje nos seus 40 anos tornou-se um advogado com especialização em Direito Tributário, com dons na culinária, joga tênis, gosta de literatura contemporânea, viajar e fazer *trekking*, tendo ido até o Everest. Alexis, o caçula, tem 35 anos e é formado em Direito e Ciências Sociais na UEM, Filosofia, pós-graduado em Direito Eleitoral, mestre em Sociologia na UEL e aluno especial do doutorado em Ciência Política, pela Universidade de Brasília. Seu *hobby* é tocar cavaquinho e instrumentos de percussão, na leitura tem gosto pela literatura nacional e bibliografias. No esporte, joga tênis e corrida, sua última foi a Maratona do Rio de Janeiro. Os dois tem como *hobbies* as viagens, corridas ou jogo de tênis, demonstram o amor e respeito à terra e à literatura.

Então, após esses anos de caminhada, me defino como uma eterna aprendiz, onde minha alma se encontra realizada e em paz comigo mesma, desbravando novos caminhos com muita esperança no que virá. Uma alma que desconhece os mistérios de onde veio antes de aqui nessas terras pisar e desconhece também como será o lado de lá.

A mulher que me tornei acredita que assim como do preto e branco do meu caminhar surgiram cores belas, também confia no belo que será quando no infinito do amor eterno se encontrar e, por enquanto, AQUI, me defino como uma alma de eterna aprendiz, que vai ao encontro do seu amado e eterno amor: aquele que me criou.

“

Agradeça a Deus pelo que não deu certo, pelo que está dando certo e pelo que ainda vai dar certo.

Maria Leonilda Garbelini

Mariana Vivan e Débora Domingues

Mariana Vivan, apaixonada pelas relações, autodesenvolvimento e o despertar do propósito de vida. Com mais de 17 anos de na área comercial e gestão de equipes em uma multinacional, hoje atua como mentora em desenvolvimento humano.

Débora Domingues, psicóloga clínica psicodramatista há mais de 20 anos, apaixonada por esta profissão. A saúde emocional, autodesenvolvimento e o encontro da essência das pessoas, se conectam com o seu propósito de vida.

Recentemente, concretizamos o sonho de atuarmos juntas profissionalmente e consolidamos a marca D&M Instituto, com foco em desenvolvimento humano, através de diferentes metodologias.

mariana_p_vivan

Mariana P. Vivan

+55 (44) 99184-9800

Débora Domingues

psicologadeboradomingues

deboradom2015@gmail.com

+55 (44) 99982-1888

PARCERIA FEMININA NA MÁXIMA POTÊNCIA! 14

Por Mariana Vivan e Débora Domingues

A razão de estarmos juntas neste livro é consolidar o que mais acreditamos, contar como construímos nossa rede de apoio feminina e transbordamos nosso propósito em comum. Através da identificação que tivemos assim que nos conhecemos, estreitamos laços que se fortaleceram ao longo do tempo. Compartilhamos nossas histórias, dores, experiências de vida e sonhos para o futuro. Descobrimos um propósito em comum, que é o olhar para as pessoas. A começar por nós, com autodesenvolvimento, despertar do propósito de vida e a importância do amor-próprio.

Nossos filhos nasceram com um mês de diferença e isso também nos trouxe mais um ponto em comum: a maternidade, com suas dores e delícias. Eu, Mariana, sou mãe do Matheus, de 15 anos, um grande presente de Deus (como é o significado do seu nome) e nesta relação, aprendo todos os dias como o exemplo é a melhor referência para tudo na vida. Eu, Débora, sou mãe da linda Cecília, que a cada dia me inspira a ser resiliente e mais forte.

Vivemos separações, transições de carreira, desafios, alegrias, conquistas e o desejo de trabalharmos um dia juntas foi se tornando cada vez maior. No dia a dia, a realidade nos mostrou que juntas parecia tudo mais possível e entendemos assim, a força do compartilhar e do apoio. Tivemos a certeza da parceria feminina como forma para elevar a qualidade das relações e resultados na sua máxima potência. Competências, habilidades e forma de ver o mundo, foram alguns dos estímulos para darmos continuidade à marca D&M Instituto (criada inicialmente em setembro de 2022), que hoje se consolidou como nosso projeto profissional em comum, ampliando novas possibilidades de atuação.

Disponibilizamos nossos atendimentos *on line* ou presenciais, nos formatos individuais e/ou para empresas, através de diferentes metodologias, como:

— **consultorias:** partimos do pressuposto que os clientes tenham dentro de si todos os conhecimentos de que necessitam e utilizamos técnicas que os ajudam a trazerem de dentro de si soluções e respostas às suas necessidades;

— **mentorias:** como mentoras, oferecemos um repertório de experiências e conhecimentos que os possibilitam trazer novas oportunidades, sempre relacionando esse repertório aos temas abordados e necessidade dos mentorados;

— *workshops*, retiros e imersões;

— desenvolvimento de lideranças e equipes;

— metodologia com foco em inteligência relacional (habilidades sociais);

— treinamentos e palestras;

— psicoterapia;

— práticas terapêuticas; e

— círculo de mulheres (práticas específicas para este público).

Em novembro de 2023, recebemos a certificação (únicas profissionais no Norte do Paraná) da Triads & Hallos, que consiste em uma metodologia de mapeamento dos diferentes tipos de pessoas, bem como a forma que se expressam e se relacionam (inteligência relacional a serviço das melhoras das relações), e citaremos mais sobre isso no final do capítulo. Por que acreditamos na importância de transformar nossa história em um capítulo de um livro que fala sobre mulheres que realizam? **Para que mais mulheres acreditem na força do coletivo, como meio para maiores realizações.**

Ou seja, uma mulher já tem em si uma potência capaz de impulsioná-la para onde ela quiser. Imagine multiplicar na máxima potência:

— valores;

— conhecimentos;

— experiências;

– dores;

– sonhos; e

– conquistas.

E você, conhece alguém que possa elevar à máxima potência o seu propósito de vida? Nós o convidamos a olhar para essa possibilidade e dar ainda mais sentido a sua existência neste mundo. E como chegamos até aqui?

Conheça um pouco mais sobre nós

Eu sou a Mariana Vivan, tenho 48 anos. Administradora por formação, sempre fui apaixonada por desenvolvimento humano. No início de 2020, conheci pela primeira vez o que é uma crise de ansiedade. Naquele momento, busquei recursos para autodesenvolvimento. Intensifiquei a terapia, leituras sobre o tema e práticas terapêuticas que me ajudaram a me conhecer mais, entendendo que as respostas estão dentro de nós e temos uma luz e uma força imbatíveis, quando nutrimos nosso amor-próprio. A partir daí, não tive mais crises de ansiedade e comecei a identificar a minha vocação para atuar exatamente com isso, na transformação pessoal através do autodesenvolvimento. Muitos questionamentos vieram, desconfortos, dores e descobertas que estavam anda inconscientes. Os últimos 3 anos foram, de fato, libertadores, me transformaram e me trouxeram para este momento que falo com vocês.

Tenho mais de 20 anos no mercado de trabalho, sendo os últimos 17 em uma multinacional com expressão no Brasil e América Latina. Em 2023, coconstruí (sim, claramente é um processo que foi desenhado pelo meu desejo de alma e pela minha busca em viver ainda mais minha razão de vida), a minha transição de carreira e em junho, aconteceu o passo definitivo para que eu mergulhasse no meu propósito de vida. Nesse período, eu e Débora conseguimos colocar nosso sonho em prática e unimos nossas competências e habilidades profissionais a serviço do nosso propósito de trabalhar com pessoas. Em agosto de 2023, me certifiquei internacionalmente pelo método Heal Your Life, de Louise Hay, mundialmente conhecida pelo segundo livro, *Você pode curar sua vida*, traduzido para 25 idiomas em 33 países.

Esse método transformou minha vida, pois trouxe a certeza de tudo que eu sempre acreditei: o poder de olhar para dentro de mim e nutrir o amor-próprio como chave de transformações positivas na vida. Louise Hay acreditava que existem possíveis causas emocionais que provocam sintomas e doenças físicas e que podem ser impactadas e transformadas positivamente ao mudarmos nosso padrão de crenças negativas, reforçadas principalmente na primeira infância. Ela auxiliou milhares de pessoas a descobrirem seu potencial de cura individual. Não se trata de mágica, mas sim de trazer para consciência as crenças negativas que adquirimos na infância (muitas inconscientes ainda) e ressignificarmos pensamentos, o que nos leva a construir novos padrões de pensamentos e comportamentos.

Através de atendimentos individuais e em grupo, *workshops* (*on line* e presencial), imersões e retiros presenciais, é possível aplicar o método Heal Your Life e ser uma facilitadora da transformação das pessoas, ajudando a transbordar a fonte vital de vida que existe em cada um. Eu chamo carinhosamente de ponto de luz, todos nós temos o nosso e estamos neste mundo para uma linda e grande missão de nos iluminar e iluminar o mundo. E justamente por todas essas experiências e transformações vividas, ficou ainda mais evidente minha crença na força das conexões ao longo da vida. No processo de autoconhecimento, consegui encontrar meu propósito de vida e compartilho com você:

"Viver intensamente uma jornada de superação e autoconhecimento, transbordando sentido nas conexões da minha vida e do mundo que eu quero viver." E as 4 palavras-chave de propósito que são pano de fundo para todas as minhas escolhas são:

— leveza;

— amor;

— conexão; e

— sentido.

Para finalizar, eu que gosto muito das analogias e, por essa razão, trago duas aqui. Amor-próprio é como a máscara de oxigênio que cai à nossa frente em casos de despressurização do avião, temos que colocar em nós primeiro, para termos tempo e condições de ajudar os outros. E, sobre nossa jornada de vida (nosso processo), é como caminhar descalça na areia quente da praia, suportando o calor, pois sabemos que o nosso foco é chegar no mar e nos refrescar. Você vai conhecer agora minha grande amiga e uma das conexões mais valiosas que a vida me presenteou. Com vocês, Débora.

Com grande alegria, compartilho agora a minha história. Sou a *Débora Domingues*, filha de militar que viveu durante 30 anos mudando de cidade, conhecendo pessoas, deixando um caminho de saudades, conexões, amores e muita bagagem. Hoje estou com 50 anos e muitas reflexões vieram com este marco na vida. Começando pelas mudanças fisiológicas, emocionais e, consequentemente, comportamentais. Envelhecer é um desafio e decidi vivenciar de uma forma real, autoconsciente e positiva. A troca, a convivência e o compartilhar das mudanças que esta idade traz com outras mulheres, me trouxeram conforto, novas possibilidades e a sensação de não estar só, o que torna tudo mais leve e me traz mais esperança.

Muitas mulheres nesta idade, assim como eu, estão passando pela menopausa. Um momento tão desafiador e assustador, que nos desestabiliza física e emocionalmente e para muitas, uma fase que traz sentimentos como vergonha, perda da identidade e até mesmo a não aceitação. O que torna tudo mais difícil. A busca pela parceria e ajuda nesta fase se faz imprescindível, uma vez que assim pode-se ter uma compreensão melhor e, consequentemente, um manejo das consequências físicas e emocionais. A troca que acontece no compartilhar torna possível e mais natural a aceitação e o próprio tratamento.

Minha experiência pessoal, conectada ao profissional, me fez perceber que **temos muito a ganhar com a rede de apoio**, pois compartilhando nossas histórias, nos ajudamos mutuamente. Meu trabalho nos últimos 20 anos como psicoterapeuta me conectou com meu propósito de vida, pois não me imagino realizando qualquer outro papel profissional.

O mais enriquecedor e gratificante deste trabalho é poder conhecer e fazer parte de mudanças positivas e importantes para tantas pessoas, principalmente mulheres. Através dos atendimentos individuais, me conecto e aprendo com cada história, evoluindo como pessoa e como profissional.

Nos atendimentos em grupos, como por exemplo *workshops* e círculo de mulheres, as vivências, sejam de dores ou de alegrias, trazem um sentimento comum a todas: que existem muitas semelhanças e complementariedades na vida de cada uma. Daí a riqueza de uma experiência em grupo, que é **a identificação, o se reconhecer na outra pessoa e, principalmente, o sentimento de não estarmos sozinhas**.

Na minha trajetória profissional, me senti desafiada pelo meu propósito de vida a olhar além. Me especializei em mulheres acima de 40 anos. Organizei eventos voltados para as necessidades femininas, tanto profissionais quanto pessoais, como grupo de psicoterapia para mulheres, grupos de emagrecimento, eventos de empreendedorismo feminino e *workshops*.

Vivenciar estes momentos me trouxe ainda mais a vontade de atuar com o olhar para dentro, ou seja, ser uma facilitadora da transformação das mulheres, fazendo com que reconheçam e transbordem seu verdadeiro poder, que está na fonte de vida, no amor-próprio.

Nos atendimentos clínicos, pude constatar que muitas mulheres não conseguem identificar o momento ideal para buscar ajuda, muitas chegam através de indicações ou em momentos de extrema angústia. Digo a você que não existe um padrão que defina o momento certo de buscar ajuda, mas sim se permitir olhar para si mesma e de forma respeitosa e carinhosa, simplesmente se conhecer e se fortalecer.

Ser mulher é ser cuidadora nata, muitas de nós cuidamos de tudo e de todos e esquecemos muitas vezes de cuidar de nós mesmas. É cultural que a mulher seja forte o tempo todo, dê conta da família, do trabalho e etc. E a mulher leva essa característica para suas relações de uma forma geral, ou seja, é como se faltasse espaço para viver suas vulnerabilidades, o momento de pedir ajuda, ser escutada e até mesmo se permitir se colocar como prioridade. Muitas relatam que ao se colocarem em primeiro lugar sentem culpa, pois acham que estão deixando de olhar para o outro, para suas atribuições e outras áreas da vida, trazendo inclusive conflitos nas relações afetivas/conjugais.

E você, costuma pedir ajuda? Consegue identificar se está em um momento de fragilidade? Fica aqui o convite para essa reflexão.

Ampliando um pouco mais sobre situações que causam conflitos em nosso dia a dia, vamos falar sobre as relações de forma geral (casamento, filhos, vizinhos, trabalho, parentes, amigos e outros). Você encontra dificuldade de relacionamento em alguma área da sua vida? Identificamos basicamente dois formatos de relações: as automáticas, superficiais e as relações onde encontramos presença genuína e conexão.

Muitas vezes, julgamos que a dificuldade da relação está somente no outro, sendo que deixamos de nos autorresponsabilizar pela nossa forma de ser, pensar e agir, causando desconfortos e conflitos nas relações pessoais e profissionais. Estar mais consciente de si e do outro, nos leva a outro patamar de qualidade das relações. Considerando que cada um tem em sua essência a sua própria forma de se comunicar, de se relacionar, somada a sua história de vida, devemos utilizar isso como um recurso de compreensão e respeito às diferenças e não à exclusão. Conectando ao que trouxemos no início deste capítulo, temos a convicção de que existe uma razão maior que justifica nossa existência no mundo.

Transbordar a razão de estarmos no mundo, ou seja, o nosso propósito, traz muito mais sentido às experiências que vivemos e às pessoas que passam pela nossa vida.

Qual é o seu propósito?

Qual o seu ponto de luz, que o ilumina e ilumina a todos a sua volta?

Queremos, assim, evidenciar que, mais uma vez, aparecem como chaves fundamentais para os relacionamentos saudáveis e grandes possibilidades de crescimento em todas as áreas da vida:

— **o autodesenvolvimento:** acessar registros emocionais conscientes e inconscientes, soltando limitações que nos impedem de viver em abundância;

— **o amor próprio:** fonte de cuidado e base fundamental para relações saudáveis em todas as áreas, como saúde, trabalho, finanças e relações afetivas e;

— **a expansão da consciência,** sempre de forma gradativa e constante.

Os dois dias mais importantes da nossa vida são o dia em que nascemos e o dia em que descobrimos o porquê (Mark Twain). Ler essa frase reforçou nosso olhar para tudo o que compartilhamos aqui.

Nosso propósito é ampliarmos a nossa rede de apoio feminina e sermos facilitadoras do processo de transformação do maior número de pessoas que possamos comunicar. Que, dessa forma, nossa história se conecte com a sua e que a rede de apoio se torne cada dia maior!

“

Estar aberta a parcerias, buscar uma rede de apoio e se permitir viver uma transformação pessoal abrem novas possibilidades para a vida.

Mariana Vivan e Débora Domingues

Michele Valente

Sou Michele, filha amada de Deus, gaúcha que virou empreendedora no Paraná.

Sou empresária, gestora e líder. Contadora de formação e especialista em Direito Tributário, atuo na área de gestão e consultoria empresarial.

Mulher determinada, persistente e movida por desafios. Aficionada pelo mundo dos negócios, estou sempre em busca de evolução e aprendizado.

Meu propósito é contribuir com outros empresários para que seus negócios possam crescer e prosperar.

Enquanto líder, busco inspirar e proporcionar oportunidades, deixando o legado de superação, entrega extraordinária e cooperação.

michevalentemv

michele@mvconsultores.com.br

+55 (44) 99139-6193

Michele Valente

MULHERES QUE REALIZAM

O CAMINHO DAS PÉROLAS

15

Por Michele Valente

Você sabe como surgem as pérolas? Tecnicamente,

> [...] a formação natural da pérola ocorre quando um sedimento ou microrganismo penetra na inserção entre o manto e a concha, causando uma verdadeira irritação nesta região e, como proteção, o molusco produz uma camada que ficará em volta deste microrganismo ou sedimento, soldando-o na concha.[1]

As pérolas se originam como meio de defesa da ostra. Ou seja, a pedra preciosa nasce de um processo incômodo e desconfortável. E por que estou trazendo isso? Porque faz todo o sentido com a história que vou contar.

Nasci no interior do Rio Grande do Sul, uma cidade chamada Bagé, que faz fronteira com o Uruguai. Vinda de uma família humilde, meus pais e avós não tiveram a oportunidade de cursar uma faculdade, aliás, meu pai concluiu até a 4ª série do Ensino Fundamental, pois precisou trabalhar desde cedo. No entanto, e talvez por isso, sempre fui incentivada a estudar, "essa é única forma de vencer na vida", ele dizia.

Meus pais sempre trabalharam muito, para que eu e minha irmã pudéssemos estudar. Apesar disso, não conseguiam pagar uma faculdade para nós. Na minha cidade não havia universidade pública e a particular

1 BERTÃO, Ana Paula. Cultivo de pérolas. In: GIA. 20 abr. 2021. Disponível em: https://gia.org.br/portal/elementor-5212/. Acesso em: 30 abr. 2024.

não cabia no orçamento da família. Estudar em uma universidade federal, por exemplo, estava fora de cogitação, pois meus pais não conseguiriam bancar as despesas em outra cidade. Eu queria cursar Psicologia e o curso era durante o dia. Então, quando terminei o terceiro ano do Ensino Médio, logo procurei um trabalho para poder juntar dinheiro e, um dia, pagar a faculdade.

Bagé tem pouco mais de 121 mil habitantes e sua economia é baseada na agricultura, pecuária e comércio local. Não há grandes empresas ou indústrias, as oportunidades de trabalho são limitadas. Meu primeiro emprego, aos 18 anos, foi para uma vaga de babá, na casa de um casal amigo da família. Eu sabia que era um trabalho provisório, meu pai havia ensinado que estudar me levaria mais longe. Seis meses depois, consegui uma vaga para operadora de caixa em um supermercado, onde fiquei por nove meses, até surgir a oportunidade em uma loja de material de construção. Na loja, a jornada de trabalho era melhor (o que me permitia investir em cursos) e o salário mais atrativo. Porém, o que chamava minha atenção era a possibilidade de conquistar novos cargos dentro da empresa.

Sempre fui feliz nos lugares por onde passei, sou grata a cada emprego, mas nunca me conformei com situações medianas. Nunca me acomodei diante das conquistas. Entendia que cada etapa significava um degrau. Na época eu não sabia, mas já era movida por desafios. Um ano e meio depois da minha admissão na loja, ouvi falar de uma vaga para o setor administrativo, auxiliar de contabilidade. Bem, eu não tinha experiência nem o conhecimento necessário para o cargo, mas era uma oportunidade de crescimento e eu agarrei! Insisti muito com o meu gerente e o dono da loja, prometi ingressar no curso técnico de Contabilidade, caso ele me desse a chance. Enfim, depois de muito persistir, a vaga era minha. E foi assim que iniciei na área contábil. Mas lembrem: meu sonho era juntar dinheiro para cursar Psicologia.

Em 2004, aos 24 anos eu me casei. Logo após, meu marido foi transferido a trabalho para outra cidade do Rio Grande do Sul. Lá havia universidade federal. Assim que chegamos, corri para me matricular no cursinho preparatório. Durante seis meses, estudei e prestei o vestibular, mas não consegui a pontuação necessária para aprovação no curso de Psicologia. No ano seguinte, fomos transferidos novamente, desta vez para o interior do Paraná, para a cidade de Maringá. Nesse lugar, muita coisa iria acontecer. Aqui, eu conheceria na prática o significado de superação e resiliência.

Em Maringá eu recomecei. Meu marido era o provedor da casa, mas a minha faculdade, o salário não podia pagar. Então, saí em busca de um emprego. Agora já tinha experiência e conhecimento na área contábil, mas a maioria dos escritórios e empresas exigia que eu ao menos estivesse cursando a faculdade de Contábeis. Fiz as contas e percebi que o salário oferecido para o mercado podia pagar a mensalidade do curso. Em Maringá havia várias universidades e, devido à concorrência, as mensalidades eram mais acessíveis, comparadas ao Rio Grande do Sul. Assim, eu me matriculei.

Comecei a cursar Ciências Contábeis e não demorou para surgir uma vaga no mercado. Iniciei num estágio para uma grande empresa de advocacia e consultoria empresarial da região. Tive meu primeiro contato com a área tributária e me encantei com as possibilidades e os desafios do cargo. Tinha que viajar, estudar muito, aprender todos os dias, atender grandes corporações. Viajei de avião pela primeira vez e várias outras depois disso, para atender clientes. Estava muito feliz com todas as perspectivas. O trabalho não era metódico, tínhamos que mergulhar no negócio de cada cliente, conhecer sua necessidade e planejar a solução. Era incrível!

Por outro lado, na vida pessoal, as coisas não iam bem. Meu casamento estava terminando e a separação foi bastante difícil. Apesar do meu trabalho ser promissor, ainda estava na fase de estágio e o salário não era suficiente para eu me manter. Eu dependia financeiramente do meu marido. E descobri que dependia emocionalmente também. Foi nessa etapa que tudo pareceu desmoronar. Eu fiquei sozinha, sem dinheiro, sem apoio emocional, a 1.200 km de casa. Tinha o aluguel para pagar, a faculdade e as despesas com alimentação, roupas, farmácia etc. O salário que recebia não era suficiente, mas eu adorava meu emprego e via uma chance de crescimento profissional e financeiro. Precisava continuar.

Durante a semana, a rotina de viagens pelo trabalho me ocupava, já os fins de semana pareciam intermináveis. Sentia medo, tristeza, angústia, incertezas, solidão. Estava longe de casa, da família, dos amigos, longe da minha segurança. Maringá ainda era uma terra estranha. Não era fácil fazer amigos nessa cidade, ainda mais para alguém introspectiva como eu. As pessoas em Maringá são mais individualistas. Porém, eu tinha aqui o que não via na minha cidade natal: oportunidade! E foi a isso que me apeguei. Comecei a fazer empréstimos, enquanto ainda tinha crédito. Ainda assim, alguns dias foram desesperadores, pois eu não via saída e as dívidas só aumentavam.

Claro que passou pela minha cabeça a ideia de desistir, voltar para minha terra. Minha família, inclusive, insistiu bastante nisso. Porém, eu dizia a mim mesma: "desistir não é uma opção". Eu sabia que se retornasse, seria vencida pelo medo de tentar novamente. Mergulhei no trabalho, com muita dedicação. Dei o meu melhor. Eu queria crescer, subir na empresa, precisava ganhar mais.

Nesse tempo, minha irmã veio trabalhar em uma cidade vizinha. Começou a morar comigo, passamos a dividir as despesas da casa. Mais tarde, uma colega de trabalho dela veio se juntar a nós. O fardo já ficou mais leve. Fui efetivada e, aos poucos, fui subindo de cargo. Consegui um salário melhor. Alguns anos foram necessários para que eu pudesse me reestabelecer financeiramente, negociar e quitar as dívidas.

Passei por muitos desafios, provações de todo os tipos. Já tive que juntar moedas para comprar pão, já usei da pequena reserva de economia da minha mãe para pagar um mês de aluguel. Só Deus sabe as lágrimas que derramei, o quanto orei por uma luz no fim do túnel. Entretanto, não quero fazer aqui apologia à miséria, não sou vítima, nem coitadinha, sou fruto das minhas escolhas. Minha história é de sucesso, superação e, principalmente, de resiliência. Eu passei por dificuldades sim, mas escolhi enfrentar cada obstáculo ao invés de fugir para a zona de conforto. Lembra da história da pérola? Li, certa vez, que "uma ostra que não foi ferida não produz pérolas"! As pérolas são resultado da dor.

Não estou dizendo que o sofrimento te leva a ter sucesso, mas o sucesso é consequência de uma jornada, que nem sempre é fácil. Oito anos se passaram, e eu havia adquirido conhecimento e experiência profissional, maturidade. Acabei ficando conhecida por algumas empresas em virtude da excelência do meu trabalho. Logo, começaram as demandas. Era hora de mudança. De arriscar mais uma vez. Sair da empresa que tanto admirava, para trilhar o caminho solo.

Sem a segurança da CLT, sem remuneração fixa, sem reserva financeira. Desta vez, acreditava em mim, na minha entrega, no meu trabalho. De início, dois clientes, que me indicaram para outras empresas. Colegas da área tributária, contadores e advogados começaram a me procurar para fazer parcerias, inclusive em outras cidades. Ainda hoje não me considero boa comercialmente, mas o meu trabalho qualificado e detalhista, o conhecimento adquirido ao longo dos anos, vende. E eu passei a ter cada vez mais demandas. Já não comportava atuar como profissional autônoma. Precisava de uma sala, de outro profissional para me ajudar.

Comecei a dividir espaço com alguns colegas da área. Passei a recrutar. Logo veio o primeiro colaborador, o segundo... e em dezoito meses, a sala (na verdade, o quarto de uma casa) tornou-se pequena e comecei a procurar um novo espaço. Em um prédio comercial, alugamos uma sala com 60 m², a nova sede da MV Consultores (nome da minha empresa). Nesse lugar, construímos uma sala de reuniões, uma pequena copa e estações de trabalho para dez pessoas. Éramos quatro pessoas na equipe, havia espaço suficiente para o crescimento, mas não por muito tempo. Um ano bastou para a nova sede ficar lotada e tivemos que ir em busca de um novo local.

Foram quatro meses até encontrarmos uma sala com aproximadamente 150 m². Reformamos, deixamos com a nossa cara: conforto e sofisticação definem nossa sede. Tudo para que os clientes, colaboradores e parceiros sejam sempre bem recebidos. Costumo dizer que a nossa sede tem "a cara da riqueza". Inclusive, nossa identidade olfativa foi desenvolvida para transpor essa percepção.

Em 2023, minha empresa completou cinco anos. Já atendemos mais de duzentos clientes, geramos mais de setenta milhões em créditos tributários, isso significa dinheiro para as companhias. Tenho clientes, parceiros e equipe em outras cidades e estados. Administro uma empresa saudável financeiramente, que cresce todo ano. Estabeleci minha residência em Maringá, onde comprei meu próprio imóvel. Estabeleci minha empresa. Construí vínculos, laços de família e amizade. Na terra das minhas aflições, foi onde Deus me honrou. Um dia tive que pegar empréstimos, hoje minha empresa atua no trabalho social levando auxílio a pessoas vulneráveis.

O sonho da Psicologia ficou no passado. Hoje, entendo que tudo era plano de Deus para minha vida. Alguém tão improvável quanto eu fui, tornou-se empresária, líder e gestora. Sou o exemplo de que "Deus não escolhe os capacitados, capacita os escolhidos". Não me vejo fazendo outra coisa, além de atuar no mundo dos negócios. Numa área ainda predominantemente masculina, eu conquistei reconhecimento, voz e respeito.

A MV Consultores, para mim, carrega mais do que as iniciais do meu nome, representa a Marca da Vitória. Posso dizer que encontrei, em meio à tribulação, o meu propósito. Assim como a história da pérola, extraí da dor e dificuldades algo precioso e maior do que eu podia imaginar um dia. Aprendi que na jornada do crescimento, os desafios não param, eles mudam de tamanho e complexidade, à medida em que você passa de fase.

Antes eu me preocupava em sobreviver, hoje tenho pessoas sob meu comando e ao meu lado, para as quais busco deixar um legado. Procuro fazer a diferença na vida daqueles que passam por mim, desenvolver minha equipe para que eles tenham oportunidade de crescimento, aquela que tanto busquei.

Se estou plenamente satisfeita? Não, sou uma eterna inconformada. Carrego um coração grato, porém inquieto. Há uma fala de Steve Jobs que diz: "Eu estou convencido de que metade do que separa os empreendedores bem-sucedidos dos não sucedidos é pura perseverança". Acho que na fase mais crítica da minha vida eu fui inteira perseverante.

Ainda tenho muitos sonhos, vários projetos, dúvidas e incertezas, mas prefiro me mover, arriscar. Você pode escolher enfrentar a mudança ou optar ficar onde está.

Para você, leitora, que anseia por mudanças, apenas comece. Tenha fé, determinação, coragem. Saiba que a caminhada nem sempre será fácil, as vezes solitária, mas é a sua trajetória, ninguém poderá vive-la por você. Se há um sonho que inquieta seu coração, corra atrás, busque realizá-lo. Tenha objetivos, foque nos resultados, e, sobretudo, não deixe de aproveitar a jornada. Não tenha pressa, pois o aprendizado vem com a caminhada. Não se compare, pois cada pessoa tem seu tempo e sua história. Não se deixe paralisar pelas dificuldades, os obstáculos nos moldam. Aprenda com eles.

Fazendo um comparativo com as pérolas, as que me referi no início, são tão valiosas porque são difíceis de encontrar. Assim, o sucesso é para os resilientes! Persevere! Uma atitude pode transformar a realidade da sua vida. Na dúvida, faça!

“

O sucesso é para
os resilientes.

Michele Valente

Raquel Gillioz

Bonjour! Eu sou a Raquel Gillioz, há vinte anos, uma mulher em constante evolução, aventureira, futurista, humana e com brilho nos olhos. Minha história é uma jornada repleta de paixão, superação e aprendizagens. Minha enorme alegria de viver é o combustível que impulsiona cada passo, cada ação, cada encontro, cada projeto. Cidadã do mundo, moro na Suíça há vinte anos, onde recomecei uma vida do zero.

De alma empreendedora, minha trajetória é marcada por mais de uma década de trabalho no exigente mundo do *Private Banking* na Suíça, o que agora fundamenta minha atuação como mentora de carreira e negócios para líderes em evolução. Especialista em diversidade geracional e multicultural, sou idealizadora de grupos de *Netweaving, people who need people*. Sou pós-graduada na Suíça e *job coach* formada, ampliando minha atuação para o universo de autora e palestrante.

raquel_gillioz

raquel-gillioz

https://raquel.gillioz.com/

MULHERES QUE REALIZAM

SONHOS E REALIZAÇÕES ALÉM DA TERRA VERMELHA

16

Por Raquel Gillioz

Em um canto do mundo onde a terra exala o doce perfume da chuva, cresci aprendendo que as maiores alegrias da vida se encontram na simplicidade de seus detalhes. Minha infância, repleta de risadas e pés descalços sobre a terra vermelha, foi o primeiro capítulo de uma história que me ensinou a valorizar não apenas os sonhos, mas também a beleza do presente. Fui a menina que, embalada pelo amor incondicional de uma família de pioneiros, aprendeu cedo que cada momento simples tem seu próprio encanto e valor.

Meus avós, vindos da Europa e verdadeiros heróis de um conto de coragem e reinvenção, cruzaram oceanos em busca de um novo começo no Brasil. Suas histórias de vida, marcadas pela resiliência e pela capacidade de se reinventar em terras desconhecidas, plantaram em mim a semente do sonho, da determinação e da coragem. Eles me ensinaram que é possível construir uma vida de significado, mesmo partindo do zero, redefinindo identidades e se adaptando a novos mundos. Esta herança de força e coragem se tornou a base sobre a qual eu edificaria minha própria jornada.

Cresci em um lar onde a diversidade geracional e cultural eram mais do que uma realidade; eram uma celebração diária. A multiplicidade de vozes, histórias e tradições que me cercavam desde tenra idade, abriu meus olhos para a riqueza que reside na diferença. Esse convívio com o diverso moldou minha visão de mundo, ensinando-me a valorizar cada perspectiva única e a ver na pluralidade multigeracional e cultural um solo fértil para o crescimento mútuo.

Nas quartas-feiras, a passagem do caminhão do doceiro na Avenida São João trazia pequenas explosões de felicidade, enquanto ajudar meu avô no mercado se transformava em aventuras épicas no mundo adulto. Esses momentos simples, profundamente significativos, eram janelas para um universo de possibilidades, onde cada escolha de doces era uma decisão de vida, cada dia no mercado, uma lição em empreendedorismo, conexão humana e superação.

A agricultura, com seus ciclos e ritmos, ensinou-me sobre o respeito pela terra e pelo trabalho que transforma sementes em alimento. Esse contato íntimo com a natureza fortaleceu em mim uma consciência ambiental que guiaria muitas das minhas escolhas futuras.

Quando tinha 5 anos, minha mãe, uma das minhas maiores incentivadoras, me presenteou com uma coleção de livros, abrindo as portas de um universo sem limites. A cada página virada, meu mundo se expandia e eu aprendia que sonhar era o primeiro passo para criar o futuro.

A influência positiva de minha madrinha, uma mulher sábia, independente e professora dedicada, foi decisiva em meu amor pelo aprendizado. Com ela, cada brincadeira de escolinha era uma descoberta, cada lição, um convite para explorar o mundo além das paredes da sala de aula. Ela me ensinou que a educação é uma jornada sem fim, na qual cada experiência, cada encontro, é uma oportunidade de aprender e evoluir.

Viver em Itambé, Paraná, uma cidade pequena, onde as ruas eram extensões de nossa casa e os vizinhos e amigos, membros de nossa grande família, me deu um senso de comunidade e pertencimento. Aqueles anos de formação não apenas me ensinaram a sonhar, mas também a acreditar na força da união, na importância das relações humanas e na capacidade de transformar sonhos em realidade através da perseverança, da autoestima e da confiança.

À medida que as páginas da minha infância se desdobram, reflito sobre como cada experiência e cada lição aprendida foram alicerces sólidos que contribuíram para me tornar a mulher que sou hoje. Foi nesse solo fértil de amor, diversidade e sonhos que brotou a determinação de seguir em frente, sempre em busca de horizontes mais amplos. E assim, com o coração repleto de sonhos e a mente aberta para o novo, comecei a trilhar meu caminho, lembrando-me de apreciar a jornada, cada passo, cada encontro, cada momento, encontrando a alegria de viver em cada nascer do sol.

Se a infância foi o palco dos meus sonhos mais puros, a adolescência se revelou como um desafio real, desmantelando a estrutura familiar e impondo precocemente as realidades adultas. A vida me ensinou que é repleta de inconstâncias. No auge da juventude, enfrentei conflitos familiares e financeiros, forjando uma resiliência inesperada.

Compartilho esses momentos para destacar nossa capacidade de superação. Enfrentando desafios, reconheci que a verdadeira força é autogerada e a recuperação de quedas define nossa essência.

Sentia tristeza vendo minha mãe sofrer com a separação e suas consequências: dependência financeira e isolamento social. Prometi a mim mesma ser financeiramente independente, encorajando outras mulheres a priorizarem seus sonhos e objetivos.

Enquanto meus amigos enfrentavam preocupações típicas da adolescência, aos 12 anos eu já estava no mundo do trabalho, alternando entre papéis de babá, vendedora e recepcionista, marcando uma fase de insatisfação com o presente e desejo por um futuro melhor. A adolescência me ensinou a importância da autodeterminação e do rechaço a limitações impostas, incentivando-me a ultrapassar barreiras convencionais e a definir meu próprio destino.

Esses anos de aprendizagem não foram apenas sobre sobrevivência, mas sobre a descoberta de uma resiliência inabalável – uma qualidade que todos nós podemos desenvolver frente às adversidades. Através desses relatos, espero oferecer não apenas um olhar para minha própria vida, mas também um espelho para a sua, encorajando a reflexão sobre como todos podemos aprender, crescer e superar os desafios e nos tornarmos protagonistas. Aprendi que a humildade é uma virtude, a gratidão é uma necessidade e a fé, seja ela qual for, é o farol que nos guia através da escuridão. Querer é poder, meus amigos!

Ao olhar para trás, para os desafios e tempestades da adolescência, vejo agora como cada momento de dificuldade foi crucial na construção da pessoa que sou hoje. Foram essas provações que moldaram minha mentalidade, força interior, alimentaram minha determinação e me prepararam para os capítulos seguintes da minha vida, sempre com a consciência de que, não importa quão árduo o caminho, a capacidade de sonhar e a coragem para perseguir esses sonhos são as verdadeiras chaves para a liberdade e a realização.

Foi no meio desse cataclismo que encontrei minha primeira mentora, mãe de um amigo querido, uma mulher forte que compartilhou comigo sabedoria, experiência, me oferecendo *feedbacks* construtivos, apoio, escuta ativa e o mais importante: ela levou meus sonhos a sério.

Ao atingir os 18 anos, enfrentei o limiar da vida adulta, não apenas com sonhos no coração, mas com a resoluta determinação de torná-los realidade. Nessa época, tinha "faca no dente e sangue nos olhos", pois não estava disposta a aceitar menos do que eu merecia: uma vida extraordinária. A decisão de me lançar em direção ao desconhecido foi impulsionada pela convicção de que a vida, em sua singularidade, não oferece ensaios.

Comecei do zero uma vida no exterior. Portugal, com suas paisagens deslumbrantes e cultura rica, foi o primeiro palco dessa minha aventura. Contudo, era a Suíça, com sua promessa de oportunidades e desafios, que dominava meus sonhos noturnos, alimentados durante meus estudos em Hotelaria e Turismo.

A Suíça, um país de beleza estonteante e de precisão impecável, me recebeu mais que geograficamente; abraçou minha ambição e moldou meu futuro. Comecei minha jornada profissional da maneira mais humilde possível, não falava nenhum dos 4 idiomas nacionais e não conhecia ninguém, entretanto, cada degrau superado era uma vitória, um passo mais perto do meu sonho. Através de setores diversos, da hospitalidade ao cobiçado mundo bancário suíço, trilhei um caminho marcado pela aprendizagem constante e pela superação de desafios.

No entanto, a vida de negócios, com todas as suas recompensas, também traz consigo seus desafios. Cada conquista era acompanhada por novas responsabilidades e dilemas, equilibrando as exigências de uma carreira exigente com o desejo de permanecer fiel aos meus valores e sonhos. Muita coisa ainda estava por vir!

A chegada do meu filho Victor, em 2011, não só alterou o curso da minha vida, mas também redefiniu minha compreensão de sucesso, influência e propósito. Victor, com sua alegria de viver e amor incondicional, trouxe uma luz nova à minha existência, ensinando-me lições preciosas que nenhum sucesso profissional poderia oferecer. A maternidade me transformou profundamente, forçando-me a reavaliar não apenas minhas prioridades, mas também o verdadeiro propósito significado de influência, liderança e humanidade.

Contudo, a verdadeira virada veio com uma declaração marcante de Victor, no auge dos seus 5 anos, que me fez parar e repensar toda a minha existência. Ele me olhou nos olhos e disse: "Mamãe, eu não sou a sua prioridade. A sua prioridade é o trabalho.". Foi um baque que reverberou no âmago do meu ser. Naquele momento, percebi o alto preço do meu sucesso. Estava pagando com a negligência do mais precioso para mim: meu filho. Essa realização me fez reajustar minhas prioridades, focando no que realmente importava: o bem-estar do Victor.

Ser mãe significou aprender que eu era muito mais do que um título corporativo, a valorizar o "ser" mais do que o "fazer". A realização profissional começou a ser vista através de um prisma mais significativo: o impacto que posso deixar no mundo. Esta decisão mudou minha visão sobre liderança, transformando-me em alguém que inspira pelo exemplo, conduzida por valores de colaboração, autenticidade e integridade.

Essa mudança inspirou uma nova direção em minha carreira, focada em estender felicidade e realização além do pessoal, buscando influenciar positivamente a sociedade. A maternidade aprofundou minha compreensão de liderança, moldando-me numa líder orientada por conexão humana e coragem.

Ser mãe do Victor, um jovem cheio de esperança, fortaleceu minha vontade de melhorar o mundo. Ele mostrou que liderança verdadeira vem de um desejo sincero de fazer a diferença. A maternidade direcionou minha missão para criar um ambiente inclusivo, justo e sustentável.

Hoje, vejo que minha maior contribuição é o impacto positivo que deixo nas pessoas à minha volta e no mundo. Através do Victor, almejo um futuro promissor, esforçando-me para criar um ambiente onde todos possam prosperar.

Neste momento, entendo que impactar a vida alheia positivamente é onde reside o verdadeiro poder. Liderar com amor e propósito é o caminho para uma influência duradoura. Como Victor me ensinou, o essencial é o legado de esperança que deixamos.

Você reflete sobre isso? Qual legado você está criando?

Refletindo sobre a jornada até aqui, reconheço que cada etapa — da inocência da infância, passando pela turbulência da adolescência, até às conquistas da vida adulta e o despertar trazido pela maternidade — compõe uma narrativa única. Esta trajetória, tanto por alegrias quanto por desafios, carrega lições sobre liderança, propósito e a habilidade de impactar o mundo positivamente. Não é só sobre você!

Desde os dias despreocupados da infância, quando o mundo parecia vasto e cheio de maravilhas, até os tempos de incerteza e crescimento da adolescência, aprendi a valorizar a persistência, a responsabilidade e a força interior. Na fase adulta, a exploração e as realizações me ensinaram que a dedicação e a integridade podem superar os obstáculos aparentemente intransponíveis.

Após o nascimento de Victor, iniciei um novo capítulo, integrando minha experiência ao desejo de contribuir significativamente para a sociedade, alinhando minha carreira aos valores mais profundos e embarcando no empreendedorismo social para ampliar meu impacto.

A maternidade reforçou as lições aprendidas, enfatizando que a verdadeira liderança exige humanidade acima de tudo. Victor iluminou meu caminho, incentivando-me a ser melhor não só para nós, mas para o mundo que deixaremos para as futuras gerações.

"Tome muito cuidado com o que você deseja, pois você pode realizar" — essa frase, que uma vez soou como um eco distante em minha mente, hoje ressoa como um mantra, guiando minhas ações e decisões.

Minha esperança, ao compartilhar essa jornada, é inspirar outros a verem em suas próprias vidas a beleza da evolução, a força da resiliência e a luz da esperança. Que cada leitor possa encontrar em minha história um espelho para suas próprias experiências e um incentivo para seguir em frente, com coragem e autenticidade, rumo aos seus sonhos mais audaciosos. Não pare, não se compare, não desista!

Cada um de nós é capaz de refletir, crescer e influenciar, transformando desafios em oportunidades para um futuro mais promissor. Cada pessoa é um universo de possibilidades e cada vida é uma história única de superação e sucesso. Que minha jornada ressoe como um lembrete de que, apesar dos obstáculos, todos possuímos a força interior necessária para superá-los e forjar um caminho repleto de significado e contribuição.

Essas são apenas algumas das facetas da minha história que ainda está sendo construída e eu quero encorajar cada uma de vocês a abraçarem sua própria jornada, acreditando na capacidade de mudar não apenas a si mesmas, mas também o mundo ao redor. Juntas, podemos construir uma história de sucesso, superação e legado duradouro.

Agradeço de coração a minha família e amigos pelo amor incondicional e apoio constante. Obrigada especial ao meu marido, por ser meu maior incentivador.

Obrigada a você, leitora, por fazer parte da minha história. Agora, vamos juntas ressignificar e construir a sua. Chegou o momento de parar de deixar a vida te levar e assumir o papel de protagonista do seu destino, tornando-se mestre da sua própria história para também deixar seu legado. Ter um legado significa criar um impacto positivo e duradouro que irá perdurar além da sua vida.

Vamos juntas, vamos voltar a sua essência.

“

Protagonize a sua evolução: transforme desafios em força, sonhos em realidade e deixe um legado de coragem e amor.

Raquel Gillioz

Sandra Baquette

Sou Sandra Baquette, empresária, formada em Administração de Empresas e MBA em Gestão Empresarial pela FGV. Tendo como base a fé, os sonhos e a perseverança, cresci acreditando no poder da determinação e no trabalho árduo.

Em um mundo onde o ritmo acelerado dos negócios muitas vezes exige compromissos, busco sempre permanecer fiel a meus princípios, construindo relações duradouras baseadas na confiança e no respeito mútuo.

Sou uma defensora apaixonada do equilíbrio entre vida profissional e pessoal. Acredito firmemente que o sucesso verdadeiro é medido não apenas por conquistas profissionais, mas também pela riqueza das relações pessoais e pela capacidade de fazer a diferença na vida das pessoas.

sandrabaquette
bolodamadre.maringa
cantodearuna
+55 (44) 98428-5050
sandra@bolodamadre.com.br
san.baquette@gmail.com
cantodearuna@gmail.com

MULHERES QUE REALIZAM

EMPREENDER E TRANSFORMAR: A JORNADA DE UMA IDEIA À REALIDADE

17

Por Sandra Baquette

Ao refletir sobre os capítulos da minha vida, sinto-me envolta em uma aura de magia, como se cada palavra que escolho para narrar minha jornada despertasse os sentimentos mais profundos e transformadores. Meu nome é Sandra Baquette, e, aos 51 anos, estou enraizada na cidade de Maringá/PR, que me viu nascer, crescer e me transformar.

Minha jornada empreendedora é o fruto de um sonho que se desdobrou em três negócios que preenchem minha vida com paixão e propósito. No entanto, como em qualquer história digna de ser contada, a minha também foi marcada por desafios que serviram não apenas para moldar meu caráter, mas para aprofundar minha dependência e confiança em Deus. Esses momentos de dificuldade foram cruciais para refinar minha visão de mundo e fortalecer minha resiliência, sempre guiada pela luz da fé.

A confiança em Deus é fundamental para superar os obstáculos, permitindo-me ver cada desafio como uma oportunidade de crescimento e aprendizado. Ela influencia a forma como trato meus colaboradores, clientes e parceiros, buscando sempre agir com integridade, justiça e compaixão. A prática do amor cristão no ambiente de trabalho não apenas cria uma cultura empresarial positiva, mas também inspira outros a buscar um propósito maior em suas próprias vidas.

Desde o início, aos 15 anos, quando dei meus primeiros passos profissionais como secretária, até a transição para telefonista e, posteriormente, para o departamento de locação e licitação pública, cada etapa da minha carreira foi uma lição valiosa. Mas foi aos 29 anos, ao receber uma bolsa de estudos e ser encorajada por uma amiga a retornar aos estudos após uma década, que enfrentei um dos meus maiores desafios: superar a timidez e a baixa autoestima que me diziam que eu não era capaz. Contrariando essas vozes, não só me formei, como também prossegui para conquistar um MBA em Gestão Empresarial pela FGV.

Ao longo de minha trajetória, celebrei diversas conquistas, mas frequentemente minimizava meu papel nelas, creditando o sucesso mais à sorte do que ao meu esforço e habilidade. Essa tendência de não reconhecer o meu valor persistiu até um momento decisivo em minha vida, quando, enfrentando o desafio do desemprego, recebi de meu pai um incentivo transformador. Ele me sugeriu que capitalizasse sobre minha vasta experiência em licitações públicas para forjar meu próprio caminho no mundo dos negócios. Aceitar esse conselho foi um ponto de inflexão, uma vez que me confrontou com a realidade de que, embora a estabilidade financeira fosse reconfortante, havia em meu íntimo uma sede por algo mais profundo e gratificante.

Eu buscava uma paixão que fizesse meu coração vibrar, uma vocação que iluminasse meus dias com um brilho especial. Essa jornada de autodescoberta foi essencial, pois me permitiu compreender que o verdadeiro contentamento e realização profissional derivam não apenas do sucesso financeiro, mas de perseguir aquilo que genuinamente faz nossos olhos brilharem com entusiasmo e propósito.

Então, em 2012, enquanto assistia a uma reportagem sobre lojas de bolos, um sentimento de saudade da infância e dos bolos que minha mãe fazia me invadiu. Naquele momento, soube que meu caminho seria abrir uma loja de bolos artesanais, repleta de amor e carinho. Com poucos recursos e sem conhecimento prévio do ramo, busquei o apoio do Sebrae, que foi fundamental nos meus primeiros passos. Apesar dos avanços, a insegurança de embarcar nessa jornada sozinha era palpável, até que descobri a franquia Bolo da Madre. Tudo nela, desde a decoração *vintage* até o compromisso com o preparo artesanal, ressoou comigo. Em poucos meses, assinei o contrato e inaugurei minha primeira loja, superando todas as expectativas.

A Bolo da Madre não se tornou apenas um negócio; tornou-se um meio de reviver e compartilhar a nostalgia de tempos mais simples, de reunir famílias ao redor de um bolo caseiro. Cada erro cometido ao longo dessa jornada foi uma lição aprendida, cada desafio, uma oportunidade de crescimento. Mas minha história não parou por aí.

Em um dia qualquer de 2017, entre cortes, tinturas, som de secadores ao fundo, minha cabeleireira, com quem sempre compartilhei mais do que reflexos nos espelhos, falou-me sobre uma ideia que parecia dançar entre a inovação e o sonho; uma escovaria. Imagine, um salão de beleza onde a química dá espaço para a naturalidade. Essa semente, plantada em um terreno fértil de imaginação e possibilidades, germinou em meus pensamentos, crescendo silenciosamente ao longo dos anos.

Em abril de 2022, em um desses momentos que parecem marcar uma linha divisória na nossa história pessoal, decidi que era hora de dar vida a essa ideia. Sentamo-nos, eu e minha cabeleireira Telma, em uma mesa que parecia pequena para a grandiosidade de nossos planos. Com o Sebrae como nosso farol, começamos a esboçar o que, até então, habitava apenas em nossos corações.

A jornada que se seguiu foi um mosaico de desafios e descobertas. Encontrar-me em um terreno desconhecido foi, ao mesmo tempo, assustador e excitante. Mergulhei de cabeça nos estudos, na pesquisa, na busca incansável por conhecimento. Já tínhamos em mente o local perfeito, e, com essa imagem clara, desenhamos o projeto arquitetônico. E, para sentir na pele se nossas ideias realmente funcionariam, escolhemos um salão de festas de uma chácara. Lá, com fita crepe em mãos, transformamos visão em realidade, mesmo que temporariamente. Foi um trabalho árduo, mas necessário. Afinal, somente assim poderíamos ajustar o sonho à realidade, o que nos levou a mudar grande parte do projeto inicial.

Após um ano de dedicação, o projeto tomou forma e a construção começou. E então, no dia 2 de janeiro de 2024, a Canto de Aruna Escovaria abriu suas portas, fruto da parceria entre eu e minha querida sócia Telma. Mais do que um simples salão, era a materialização de um sonho, um refúgio para a mulher moderna, sempre correndo contra o tempo, em busca de um momento de cuidado e beleza.

Minha trajetória até aqui, marcada pela experiência com a Bolo da Madre, apenas reforçou meu desejo de ir além. A Canto de Aruna Escovaria não é apenas um negócio; é um pedaço de nós, um ambiente acolhedor e inovador, pensado para ser compartilhado como franquia. Oferecemos serviços que vão desde uma simples escova até hidratações profundas, cortes, manicures, pedicures, *design* de sobrancelhas e maquiagens rápidas – tudo pensado para quem não tem um segundo a perder.

Essa jornada, desde os primeiros passos incertos até a realização dos meus sonhos, é um testemunho do poder da perseverança, da importância de abraçar cada oportunidade e da beleza de transformar sonhos em realidade. A Bolo da Madre e a Canto de Aruna Escovaria são mais do que negócios; são a expressão do meu coração, do meu desejo de tocar a vida das pessoas de uma maneira significativa.

E, assim, enquanto compartilho minha história, faço-o com a esperança de inspirar outros a seguirem seus próprios sonhos. A jornada do empreendedorismo é repleta de desafios, mas também de imensas recompensas. Cada pequeno passo em direção ao seu sonho é um ato de coragem, uma afirmação de fé em si mesmo e no poder transformador da paixão.

Portanto, eu lhe pergunto: o que você pode fazer hoje para começar a transformar seu sonho em realidade? Qual é o pequeno, mas significativo, passo que você está disposto a dar? Que minha história seja um farol, guiando você pela escuridão da dúvida em direção à luminosa possibilidade do que pode ser. Empreender é sonhar com os pés no chão, é tecer o futuro com as cores da esperança e da determinação. Vamos juntas nessa jornada, transformando sonhos em realidades palpáveis, um dia de cada vez.

Continuando a tecer essa tapeçaria de sonhos e realizações, é importante destacar que o caminho do empreendedorismo é pontilhado não apenas por sucessos, mas também por momentos de introspecção e aprendizado. Cada desafio enfrentado ao longo dessa jornada não foi um obstáculo, mas sim um degrau na escada que me levou a novas alturas, novas perspectivas sobre o que significa realmente viver uma vida alinhada com meus valores mais profundos e sonhos mais audaciosos.

A criação da Canto de Aruna Escovaria foi mais do que a materialização de um conceito inovador no mundo da beleza; foi um reflexo da minha evolução pessoal e profissional. Foi a resposta à minha busca incessante por um propósito maior, por uma maneira de contribuir positivamente para a vida das pessoas, oferecendo um serviço que não apenas realça a beleza externa, mas também nutre a alma. Este negócio, assim como a Bolo da Madre, é um santuário de cuidado e atenção, onde cada cliente é recebido com carinho e dedicação.

Refletindo sobre esses anos de esforço e paixão, percebo que a verdadeira magia do empreendedorismo reside na capacidade de sonhar grande, mas também na coragem de dar o primeiro passo, por menor que seja. É sobre compreender que cada ação, cada decisão, por mais insignificante que possa parecer, é um tijolo na construção do seu castelo dos sonhos.

Ao olhar para trás, vejo que minha jornada foi marcada por momentos de dúvida e incerteza, mas também por momentos de clareza e convicção inabalável. Aprendi que o sucesso não é medido apenas pelos resultados financeiros, mas pela satisfação de saber que você está fazendo o que ama e que está fazendo a diferença na vida das pessoas. Cada sorriso de um cliente, cada agradecimento, é uma recompensa imensurável que reafirma minha escolha de seguir esse caminho.

E, assim, ao compartilhar minha história, espero acender uma faísca de inspiração em você, leitora, para que também ouse sonhar e transformar esses sonhos em realidade. Que minha jornada sirva como um lembrete de que, independentemente dos desafios e incertezas, é possível criar uma vida de significado e propósito.

Agora, volto a perguntar: o que você pode fazer hoje para dar o primeiro passo em direção ao seu sonho? Não subestime o poder de um pequeno gesto, de uma ação simples. Cada passo conta. Cada esforço contribui para a grande tapeçaria da sua vida. E, quem sabe, um dia, você olhará para trás e verá o quão longe chegou, apenas porque teve a coragem de começar.

Que minha história seja um farol de esperança e inspiração, mostrando que, com determinação, apoio e uma dose saudável de coragem, é possível transformar os sonhos mais ousados em realidades palpáveis. Que você possa encontrar, na minha trajetória, a motivação para perseguir seus próprios sonhos, para escrever sua própria história de sucesso e realização. Porque, no final das contas, o verdadeiro empreendedorismo é sobre isso: sonhar, ousar e realizar, um passo de cada vez.

É nesse espírito de sonhar, ousar e realizar que convido você a mergulhar ainda mais fundo na essência do empreendedorismo. A jornada é, sem dúvida, repleta de desafios, mas é também incrivelmente gratificante.

Cada obstáculo superado, cada meta alcançada, cada sonho realizado nos ensina que o verdadeiro valor do empreender está na jornada em si, no processo de transformação pessoal e profissional que nos leva a descobrir nossas verdadeiras capacidades.

Através dos anos, enquanto construía a Bolo da Madre e a Canto de Aruna Escovaria, aprendi que o empreendedorismo vai muito além de abrir um negócio ou gerar lucro. É uma expressão profunda de quem somos e do que desejamos contribuir para o mundo. É sobre criar algo que tem o poder de tocar as vidas das pessoas, de trazer alegria, conforto e beleza para o cotidiano delas. É sobre criar comunidades, fortalecer laços e inspirar mudanças positivas. Essa visão de servir e dar de volta à sociedade é um eco do chamado cristão para sermos luz e sal na terra, fazendo a diferença no mundo de maneira significativa.

Cada cliente que entra em uma das minhas lojas não é apenas um cliente; é um membro da nossa crescente família, alguém cuja vida queremos impactar positivamente, mesmo que de forma modesta. Seja através de um bolo que traz de volta memórias queridas de infância ou de um momento de cuidado e relaxamento em nosso salão. Nosso objetivo é sempre proporcionar uma experiência que vá além do serviço em si, que toque o coração das pessoas e as faça sentirem-se valorizadas e especiais.

Este é o coração do empreendedorismo: a capacidade de ver além do óbvio, de enxergar o potencial onde outros veem apenas desafios, de transformar o ordinário em extraordinário. E, acima de tudo, é sobre compartilhar essa visão com o mundo, de maneira que enriqueça não apenas a sua vida, mas também a de todos ao seu redor.

À medida que você considera dar o primeiro passo em direção ao seu sonho, lembre-se de que o caminho do empreendedorismo é tanto sobre descobrir quem você é quanto sobre o que você é capaz de criar. É uma jornada de autoconhecimento, de crescimento e de realização. E, embora possa parecer assustador no início, cada passo que você dá o aproxima da pessoa que você deseja ser, do impacto que deseja ter no mundo.

Portanto, eu lhe encorajo: dê esse primeiro passo. Não importa quão pequeno ele pareça, ele tem o poder de mudar a sua vida. Busque apoio, seja do Sebrae, de amigos, familiares ou mentores. Permita-se sonhar, mas também esteja preparado para arregaçar as mangas e trabalhar duro para tornar esses sonhos realidade. E, acima de tudo, acredite em si mesmo e no seu potencial para criar algo verdadeiramente significativo.

Que a minha história e as lições que aprendi ao longo do caminho sirvam de inspiração e guia para você. Que você possa, como eu, encontrar alegria e satisfação na jornada empreendedora, independentemente dos desafios que possa enfrentar. E que, no final, você possa olhar para trás e ver uma vida repleta de realizações, não apenas para si mesma, mas também para aqueles cujas vidas você tocou.

Empreender é, em última análise, um ato de coragem, de fé no futuro e de compromisso com a realização dos seus sonhos. É um convite para viver uma vida de propósito, paixão e possibilidade. Então, o que você está esperando? O mundo aguarda o que você tem a oferecer.

“

Sonhe grande,
comece pequeno,
mas, acima de
tudo, comece.

Sandra Baquette

Tárcis Rosa

Eu me chamo Tárcis, uma filha amada de Deus, mulher comunicativa, que encontra alegria no convívio com pessoas e na arte da comunicação. Sou também mãe dedicada de pets.

Profissionalmente, trilho caminhos duplos como contadora e advogada, utilizando minha expertise para fundar o Clube Saber Mulher, um espaço de fortalecimento feminino no empreendedorismo. Idealizei este livro que você tem em mãos. Meu propósito de vida é claro: transbordar na vida de empresárias, guiando-as para o crescimento e evolução em seus negócios.

Com paixão e determinação, busco impactar positivamente o mundo ao meu redor, promovendo um ambiente onde o sucesso é alcançado através do conhecimento, da cooperação e da inspiração mútua.

tarcis.rosa

mulheres.querealizam

+55 (44) 99933-6507

MULHERES QUE REALIZAM

TECENDO REDES E PROJETOS: LIÇÕES E JORNADA DE UM LIVRO INSPIRADOR

18

Por Tárcis Rosa

Quando eu paro para refletir sobre a minha participação no grupo de empreendedorismo feminino, eu penso no quanto essa jornada foi e está sendo de MUITO aprendizado. Certamente, são coisas que eu não aprenderia se não tivesse escolhido trilhar essa jornada. E essa é a grande beleza das experiências: gerar oportunidades de desenvolvimento pessoal únicas.

Aqui, quero compartilhar sobre as lições preciosas que influenciaram tanto o projeto quanto a minha visão sobre empreender e se autorrealizar. Porém, se posso dar um *spoiler*, adianto que as lições nem sempre partem da facilidade. Aliás, elas geralmente se apresentam de maneira mais intensa quando passamos por contratempos.

De certa maneira, os desafios deveriam mesmo ser encarados como um salto no crescimento individual, mas eles vêm, muitas vezes, carregados de situações dolorosas. Contudo, ao longo do processo, as lições que elas nos ensinam são únicas! Cada fase que enfrentei, foi um misto de aprendizado e vitórias marcantes que me deram perspectivas únicas sobre a força da persistência e do trabalho contínuo.

Eu aprendi que vencer os obstáculos é sinônimo de evolução e que a satisfação genuína vem de energizar e influenciar positivamente outras mulheres que desejam empreender mas não sabem, ao certo, por onde começar. Ou, ainda, aquelas mulheres que já começaram seus negócios mas precisam de um incentivo para seguir em frente.

A importância da representatividade feminina, a celebração do sucesso e o reconhecimento dos desafios específicos enfrentados por mulheres que tomam a frente de seus negócios são temas que ressoam na minha história também. Os nossos caminhos acabam por se cruzar em diversos pontos. E eu gostaria de começar a falar sobre como foi criar esse projeto.

Durante o desenvolvimento daquilo que ainda era chamado de "sonho", deparei-me com um dos maiores desafios: lidar com críticas intensas de pessoas muito próximas, algo que inicialmente me abalou MUITO emocionalmente. Esperava que eles me apoiassem e celebrassem meu projeto comigo, tendo plena certeza de que seriam aqueles que entenderiam os motivos pelos quais eu estava ansiosa para dar o primeiro passo rumo à realização desse desejo de concretizar um novo projeto.

No entanto, como mencionei há pouco, os entraves nos ensinam as lições mais poderosas e comigo não foi diferente. Esse episódio revelou a importância de não depender da aprovação alheia para seguir adiante. Eu fui desmotivada e, de certa forma, recebi até uma espécie de "previsão" do que iria acontecer comigo se eu seguisse esse caminho e você pode ter certeza que ela não era positiva. Sim, eu fiquei bastante triste em ouvir alguns comentários. Mas, se tem uma coisa que eu levo como lema, entre alguns outros que tenho, é que, se a vida lhe der limões, a melhor coisa a se fazer é uma limonada. Pode parecer um clichê, mas, acredite, isso é muito verdadeiro.

Essas pessoas que tentaram me desmotivar podem não saber, mas, hoje, eu agradeço por não acreditarem no meu sonho. Graças a elas, aprendi a valorizar a autenticidade e acreditar nos meus projetos, mesmo quando as opiniões divergentes tentarem me desviar daquele percurso que escolhi percorrer. Nessa trajetória, percebi que a verdadeira realização reside na autenticidade e na fidelidade à minha visão. São as MINHAS metas e MEUS objetivos, é a minha vida, minha história e minha verdade!

Essa vivência me proporcionou importantes lições: confiar em minha intuição e me manter firme em meus princípios, independentemente das opiniões externas. Aprendi também que a determinação para enfrentar obstáculos vem de dentro e que a autoconfiança é essencial para alcançar o êxito em empreitadas significativas. Essa jornada reforçou a importância de me manter fiel aos meus valores, mesmo diante de críticas e desafios.

Hoje eu olho para trás e percebo que essas pessoas sequer tinham que acreditar nos meus sonhos. Eles são meus! Claro que idealizamos o apoio, carinho e acolhimento de pessoas próximas. Porém, o que quero dizer é que se alguém tentou te desanimar em relação a algo que você deseja, não absorva essa opinião como algo real, porque a sua realidade é você quem molda.

E, não bastasse tanto aprendizado, as críticas me prepararam para enfrentar futuros obstáculos com coragem e determinação. A capacidade de manter a autenticidade e a fidelidade à minha essência se tornou uma força motriz para a concretização dos projetos e um lembrete constante do poder transformador da resiliência e da convicção pessoal.

Creio que esta lição será essencial para motivar outras mulheres empreendedoras a trilharem seus próprios caminhos com confiança e determinação, mesmo diante dos obstáculos que possam surgir. Pois é verdade, nem sempre receberemos incentivo daqueles que esperamos. Contudo, seguir adiante com a convicção de que este projeto se transformaria em algo significativo na minha vida e na vida de muitos leitores e acreditar na força que brotava de meu interior, sem dúvida, foi minha melhor decisão.

A segunda lição que se tornou evidente foi o potencial GIGANTESCO que tem um livro. E não me refiro apenas à capacidade dessas páginas, preenchidas com palavras, de inspirar, ensinar, oferecer esperança, alívio, novas aventuras, viagens e uma miríade de outras emoções. Falo também como empreendedora, com o desejo contínuo de aprendizado, e como mulher de negócios que busca expandir seus horizontes. Enquanto empreendedora, a concepção de um livro parecia, inicialmente, uma meta distante, é verdade.

Não somos exatamente incentivadas a desenvolver grandes projetos. Ainda que o cenário esteja finalmente mudando e gerando mais oportunidades, a minha geração ainda é aquela que ouvia de pessoas mais velhas que a carteira assinada deveria ser uma meta de vida. Um concurso público, então, nem se fala! Aliás, além disso só iria gerar dores de cabeça. Claramente não escolhi esse caminho e ao mergulhar nesse projeto, a possibilidade de marcar algumas páginas com a minha história e proporcionar a outras mulheres essa mesma oportunidade, se tornou grande. E digo isso porque o livro tem a capacidade de alcançar lugares que eu, pessoalmente, não chegaria. Ao menos, não enquanto estou trabalhando e mantendo a minha rotina.

Essa compreensão ampliou minha visão sobre o impacto que uma história pessoal pode ter na vida de outras mulheres que desejam realizar, oferecendo inspiração e motivação a distâncias inimagináveis. De que outra forma eu chegaria, em um curto espaço de tempo, a todas elas?

Começar a contar a minha história em um livro revelou-se uma experiência transformadora, permitindo-me explorar a profundidade e a amplitude das minhas próprias experiências, desafios e conquistas como empreendedora. A escrita do livro não apenas me possibilitou refletir sobre minha própria trajetória, mas também me levou a compreender a importância de compartilhar essas experiências para inspirar e capacitar outras mulheres empreendedoras. Eu digo isso porque sei que está cheio de mulheres incríveis por aí que apenas não tiveram a oportunidade de organizar suas ideias para, enfim, poder tirá-las do papel. São essas pessoas que o meu projeto quer alcançar e o livro tem esse potencial.

Ao longo desse processo, percebi que as palavras têm o poder de transcender fronteiras geográficas e culturais, conectando-se com mulheres que desejam empreender em todo o mundo. A narrativa pessoal, quando compartilhada de maneira autêntica e sincera, pode estabelecer vínculos poderosos e criar uma rede de apoio que ultrapassa barreiras físicas e temporais.

A realização de transformar minhas vivências em palavras impressas, não apenas solidificou meu compromisso com a missão de inspirar outras mulheres e, consequentemente, seus projetos, mas também me mostrou que a vulnerabilidade e a autenticidade são elementos essenciais para construir conexões significativas e duradouras. A jornada de escrever um livro me ensinou que a partilha de experiências pessoais pode ser uma fonte poderosa de crescimento, aprendizado e conexão para outras mulheres que, assim como eu, já possuem seus projetos em mente mas não encontram a maneira certa de começar.

Porém, para além disso tudo que já te contei, a publicação do livro abriu portas para oportunidades de impacto e influência em comunidades e círculos que ultrapassam as fronteiras do empreendedorismo feminino. A disseminação da minha história, juntamente com as histórias de outras mulheres que dividem essas páginas comigo (além das coautoras do primeiro livro), forneceu lições que não apenas fortaleceram a rede de mulheres empreendedoras, mas também contribuiu para a construção de uma rede de suporte recíproco e empoderamento. Inclusive têm homens que acompanham com carinho o projeto. A ideia de que as minhas palavras, juntamente com as palavras das minhas colegas, cheguem aos lugares mais remotos e ajudem de alguma forma, me faz ter ainda mais certeza da minha escolha.

E, por fim, a minha terceira lição, porém não menos importante: o impacto da publicação de um livro na minha carreira. Eu notei que o livro se tornou não apenas uma expressão da minha jornada pessoal, como também uma ferramenta poderosa para inspirar e capacitar outras mulheres empreendedoras, independentemente de suas origens ou circunstâncias. O impacto positivo que um livro pode ter vai além das páginas e das palavras; ele se estende às vidas e aos sonhos daqueles que encontram nele orientação, encorajamento e esperança.

Ao mergulhar no processo de pesquisa e escrita, descobri que a busca por conhecimento e a síntese de ideias me proporcionaram uma compreensão mais profunda e abrangente do cenário empreendedor. A imersão nesse universo de informações e experiências enriqueceu não apenas o conteúdo do livro, mas também a minha própria perspectiva sobre os desafios e oportunidades enfrentados pelas mulheres empreendedoras e por mim.

A publicação do livro abriu portas para participar de eventos, palestras e painéis de discussão, nos quais pude compartilhar minha expertise e *insights* de maneira significativa e ouvida com atenção pelos participantes. A credibilidade adquirida como autora e especialista fortaleceu minha posição como uma líder de opinião no empreendedorismo feminino, permitindo-me influenciar e inspirar outras empreendedoras em um nível mais amplo. E digo isso sem falsa modéstia, pois não tem nada de errado em se reconhecer como uma boa profissional.

A autoridade conferida pela publicação do livro ampliou as oportunidades de colaboração e parceria com outras empreendedoras, organizações e instituições que buscam promover o empoderamento feminino no mundo dos negócios. Essas parcerias estratégicas não apenas beneficiaram o meu próprio crescimento como empreendedora, mas também contribuíram para o fortalecimento de uma rede e mentoria para outras mulheres que desejam começar os seus projetos.

A percepção da credibilidade e autoridade obtidas por meio da publicação do livro reforçou a importância de compartilhar conhecimento e experiências de forma autêntica e impactante. Essa constatação me impulsionou a buscar constantemente novas formas de contribuir para o avanço e o fortalecimento da comunidade empreendedora feminina, seja por meio da escrita, mentorias, *networking* ou orientações legais.

Todo esse movimento não apenas elevou a minha imagem como empreendedora como também amplificou a minha capacidade de impactar positivamente muitas vidas que, hoje, acompanham o nosso trabalho. A credibilidade e a autoridade alcançadas através dessa publicação tornaram-se instrumentos poderosos para fomentar o avanço, a inovação e a equidade de oportunidades em um ambiente que deveria ser intrinsecamente igualitário, reiterando meu compromisso incessante em promover o empoderamento e o desenvolvimento das mulheres que aspiram a empreender por conta própria. E, agora que me aproximo do final do meu capítulo, posso reafirmar que a jornada nesse grupo de empreendedorismo feminino foi mais do que uma experiência, foi uma realização. Cada desafio superado, cada vitória conquistada e cada lição aprendida foi um passo em direção à realização de um sonho compartilhado por tantas outras mulheres como eu.

A crítica intensa que inicialmente chegou, se revelou como um teste de resiliência, fortalecendo a determinação e a convicção de que o caminho escolhido era o correto. Eu acreditei em mim. A publicação do livro não foi apenas o fechamento de um capítulo, mas a abertura de inúmeras novas possibilidades e oportunidades de impacto.

Usar a vulnerabilidade para compartilhar parte da minha história garantiu o crescimento de vínculos poderosos através de uma rede que ultrapassou barreiras físicas e temporais. Formou-se um ecossistema de colaboração, aprendizado mútuo e crescimento contínuo. A credibilidade e a autoridade obtidas por meio da publicação do livro abriram portas para uma influência mais ampla e de maior impacto, permitindo conectar e inspirar empreendedoras em todo o mundo.

Mas eu te digo que a jornada não termina aqui. Este é apenas o começo de uma nova fase, repleta de possibilidades. O futuro reserva desafios ainda maiores, conquistas mais significativas e que vão gerar ainda mais impacto. A visão de um futuro onde a representatividade feminina é celebrada como norma, onde o sucesso das mulheres é reconhecido e onde os desafios específicos enfrentados por empreendedoras são superados é o combustível que impulsiona a continuidade desse caminho. Eu acredito em nós!

Que cada passo dado inspire outras mulheres a trilharem seus próprios caminhos, fortalecendo a comunidade de empreendedorismo feminino e construindo um legado de realizações coletivas. Juntas, somos capazes de alcançar muito mais do que imaginamos. O futuro é promissor e estamos prontas para enfrentá-lo com coragem, determinação e a certeza de que juntas somos imparáveis. Mãos à obra, Mulheres que Realizam!

“

Não se limite por críticas e julgamento de pessoas que não entendem o motivo de você estar fazendo o que faz! Seja fiel aos seus valores!

Tárcis Rosa

Thalita Targa

Sou filha amada do Senhor, me encontro em constante lapidação, desfrutando em viver segundo os propósitos de Deus, meu principal trabalho é o avanço do Reino.

O significado em hebraico do meu nome, *Talitha cumi*, diz: "Menina, levanta-te". Renascida, com novo posicionamento profissional e espiritual em uma estrutura totalmente nova.

Mãe de uma linda menina-moça, Leticia, cujo nome faz jus a sua essência: alegria! Filha de um casal precioso, Calisto e Angela, irmã da Thaise, com seu esposo Renã e seus filhos Filipe e um bebê a caminho.

Profissionalmente, sou arquiteta, atuando há quase 16 anos em projetos e execução de obras da Domus Obras de Interiores, além de ser empresária de uma loja no setor de decoração, a Fratelli Rev.

Amo ser multitarefas e resiliente em todos os desafios que a vida me apresenta!

thalitarga

targathalita1204@gmail.com

domus.obras

fratellirev

+55 (44) 98803-1276

MULHERES QUE REALIZAM

SEM OBEDIÊNCIA, NÃO HÁ BÊNÇÃOS

19

Por Thalita Targa

Quero despertar em você uma realidade tangível de reconstrução de vida e dizer que tudo é real, palpável e possível ao entrarmos em obediência, mesmo quando todos ao seu redor ou até mesmo você própria, com suas crenças limitantes, dores e traumas diz que é impossível. Lembre-se: Deus ama fazer o impossível!

Ser obediente em qual quesito? Qual o motivo real, mesmo eu sendo uma profissional com muitos projetos e obras em andamento, que me fazia entrar em ciclos de tragédias, dívidas, decepções e por aí vai?

Olhando para a minha infância mais de perto, para que você possa compreender o que refletiu na vida adulta, eu era uma menina sempre muito focada e extremamente determinada em realizar tudo o que me era proposto. Contudo, eu carreguei muitas crenças limitantes de não merecimento, cresci ouvindo que ganhar uma certa quantidade a mais de dinheiro significava ter ganho de maneira ilícita. Assim, todas as vezes que chegava a mim uma oportunidade de um ganho maior, algum sinistro acontecia.

Na fase da pré-adolescência até a vida adulta, eu tinha sobrepeso, vivia no "efeito sanfona". Hoje, com ajuda da cirurgia bariátrica realizada em 2017, estou em paz com o peso, porém, na época, eu acreditava que aquele estereótipo não era tão desejável. Dessa forma, o problema de identidade começou a ser lançado em minha mente.

Ao final da adolescência, tive um encontro com Jesus e comecei a entrar em obediência, buscando o relacionamento íntimo com Deus e com isso a lapidação do meu caráter em Cristo foi iniciada. Tive amigos maravilhosos e com conhecimento da Palavra, minha identidade começou a ser tratada, foram anos valiosos de aprendizado de princípios fundamentais para minha estrutura. Contudo, na vida acadêmica o foco se desviou, agora quem ocupava o centro da minha vida era meu próprio **eu**, começando a fase da desobediência.

Por consequência, entrei em um *looping*, onde todos os relacionamentos interpessoais eram de certa maneira abusivos, não havia uma troca justa, uma parceria que fazia ambos os lados crescerem. Desse modo, construí minha trajetória, pois no mundo contemporâneo nossa identidade é firmada em **ser** ou **ter**, o vazio nunca é preenchido e o propósito que Deus sonhou para nós fica cada vez mais distante.

Propósito refere-se ao nosso senso de direção, com uma identidade fundamentada na crença de que você é amada, valorizada e resgatada por Deus. Isso pode inspirar um propósito de vida que inclui viver de acordo com os ensinamentos de Jesus, amar e servir aos outros e trabalhar para o avanço do Reino de Deus.

O propósito de sua vida é muito maior do que realização pessoal, família, carreira, sonhos e ambições. Você está neste planeta por um propósito d'Ele. Foi neste cenário de regaste de Deus por mim, que me ajoelhei em meu antigo escritório, há aproximadamente 5 anos, e fiz uma oração: "Deus, é isso que o Senhor tem para mim? Dívidas, problemas financeiros, clientes abusivos e tóxicos, sinistros em obras, vida conjugal desastrosa? Sempre que tenho um ganho efetivo algo horrível acontece e acabo perdendo tudo?".

Questionei a Deus por qual motivo eu havia recebido o talento da arquitetura, pois naquele momento o desejo era desistir da profissão, eu me encontrava em exaustão física e mental. Após três semanas, um casal especial foi enviado em meu escritório; eram pastores de uma igreja que na época possuía um pouco menos de 30 membros, praticamente sem arrecadação mensal. Chegaram em meu escritório mencionando que Deus os havia enviado para fazer um projeto e construir um novo templo.

Eu, com meu coração soberbo e orgulhoso, disse ser impossível, pois seria algo grande e de altíssimo valor (me lembrei daquela oração), contudo eu sugeri elaborar dois projetos. Um exatamente o sonho deles e o outro o qual eu julgava ser mais possível. Lembro-me de ter dito a ela: "Pastora, vou fazer um barracão térreo com terra batida, assim você ao menos terá um lugar coberto, com cadeiras de plásticos." A resposta dela, com tremenda fé, foi: "O meu Deus é o Deus do impossível".

Vou avançar na linha do tempo para que você entenda o desfecho: 5 anos depois, em julho de 2023, a pastora me convidou para conhecer o impossível realizado, ela executou o projeto inicial, o sonho e visão que Deus havia relevado em seu coração. A igreja foi inaugurada! Quando meus olhos viram aquela edificação, chorei demasiadamente, a igreja estava linda, com acabamentos finos, o piso não era de terra batida, e sim um porcelanato polido, com cadeiras estofadas, elevador e tudo mais. Enfim, durante os próximos anos, essa mulher preciosa orou por mim, no seu secreto.

Durante a construção do templo deste casal de pastores, Deus recomeçou a grande obra em mim. Porém, Ele não faz absolutamente nada malfeito, com remendos, e sim quebra, destrói, mexe em todos os quartinhos trancados do nosso coração que estão cheios de entulhos, sujeiras, móveis e objetos de estimação (falta de perdão e pecados ocultos) que não queremos nos desapegar.

Acredito que foi neste cenário que Deus colocou um tapume nesta obra (Thalita) e eu me "interiorizei", fiquei totalmente perdida, sem entender o que estava acontecendo comigo. Tudo virou um caos! Estávamos vivenciando as consequências da pandemia de covid e o que estava ruim, piorou. Passei por um período longo de deserto, fiquei em pânico porque havíamos mudado para um novo espaço físico maior e mais bonito e as despesas eram altas. Contudo, Deus estava ali e nunca deixou faltar absolutamente nada, de certa forma ele foi providenciando todo o sustento necessário. Ele estava trabalhando em mim.

"Sabemos que Deus age em todas as coisas para o bem daqueles que o amam, dos que foram chamados de acordo com o seu propósito." (Romanos 8:28).

Em certo momento, um cliente pastor pediu para que eu fizesse o projeto e execução de obra da sua casa. É importante salientar que anos depois ele me confessou que só me contratou por obediência a Deus, pois não era o desejo dele (inclusive o tempo entre o primeiro contato e a efetiva contratação demorou uns 6 meses). Algo me dizia para eu ficar tranquila porque aquele homem seria meu cliente, mas a cada mês eu enviava uma mensagem e a resposta era sempre a mesma: "Não é o tempo ainda", mas obviamente, ao findar tudo, o propósito dele como cliente era outro.

Porém, em determinado momento, ele comentou ter uma igreja que necessitava do toque especial de arquitetura em algumas salas de aula do departamento infantil, de prontidão ofereci o projeto, sem custo. Entretanto, eu não fazia ideia da dimensão física daquela edificação. Chegando ao local, os pastores viram a necessidade de contratar o meu escritório para elaborar diversos outros projetos para o templo.

No início da apresentação dos projetos, esse grupo de pastores foi usado para despertar em mim a busca de tudo o que estava "travado" em minha vida, um deles me disse que eu estava em total desobediência e muito, muito longe do propósito que Deus tinha para mim. Também disse que eu estaria além daquele espaço físico (meu antigo escritório) e que em breve aconteceria, naquela semana, um acidente de veículo. Aquelas falas me deixaram perplexa e eu chorei demasiadamente, pois eu nunca havia conversado com aquele pastor e não entendia como ele poderia dizer algo assim, sem nem conhecer minha história. Isso aconteceu em fevereiro de 2022 e o acidente de fato ocorreu naquela mesma semana, meu ex-marido e minha filha não sofreram nenhum dano, somente material, depois disso tudo começou a mudar.

Lembra daquele cliente pastor? Foi ele quem me incentivou a buscar a Palavra e aprender a ter um relacionamento íntimo novamente com Deus, para que me fosse revelado tudo em que eu estava sendo desobediente. Foi este homem que me instigou a iniciar o meu processo de transformação, começando principalmente com uma lista enorme de pedidos de perdão, curas espirituais, mudanças de hábitos, enfim, diversas pessoas foram peças importantes nessa jornada e não há como listar aqui, sou grata a Deus por ter me conectado com cada uma delas.

Vale a pena salientar que no meu deserto, Deus foi infinitamente bom, levou-me a uma viagem sensacional ao Marrocos, recebi uma premiação de uma loja de arquitetura. Antes da viagem, eu pedi a Ele uma paz sobrenatural e também que eu pudesse entender com mais clareza tudo o que estava acontecendo, por que eu só via sujeira nesta obra e estava cansada. Cheguei no aeroporto de Paris e meu celular simplesmente parou de funcionar e realmente tive a paz que eu pedi, senti a presença real d'Ele sobre mim (às vezes, Deus responde nossos pedidos de forma muito criativa, não é mesmo?). Aproveitei intensamente aquela viagem, um verdadeiro deleite, um oásis no deserto.

Lá tive experiências extraordinárias e em uma delas foi que passei uma noite no deserto do Saara, literalmente eu estava no meio do maior deserto da minha vida e ao mesmo tempo conhecendo o terceiro maior deserto físico do planeta. Naquele momento, eu percebi que o princípio de honrar pai e mãe não foi cumprido quando decidi ter uma união estável, mesmo sem a aprovação dos meus pais. A decisão agora seria me casar ou me separar, mas diante de algumas situações (desnecessário expô-las aqui), a escolha foi a separação. Claramente o processo foi muito difícil e quando há uma ruptura com uma filha envolvida, se torna um tanto mais complexo.

Uma obra quando está sendo restaurada, tem a fase de demolição e construção de novas estruturas, *layouts* internos precisam ser reformulados, concertos de patologias da construção são tratados e por isso é necessário colocar um tapume, para isolar o visual feio. Ninguém precisa ver as sujeiras, frustrações e problemas da obra, é uma fase interna e de deserto. Quando, de repente, o tapume é retirado, significa que a obra bruta já findou, a fase com toda reformulação de *layout* já foi organizada. Então, inicia-se a fase de acabamento, a qual não tem fim, porque sempre há algo para acrescentar, ajustar, colocar um ornamento extra. Às vezes, uma infiltração ou uma fissura ocorrem (porque algo que estava oculto não foi bem tratado) e então precisa ser ajustado novamente.

Foi quando percebi que a chave para toda a transformação é a fé, a esperança e a gratidão. Eu tinha uma atitude totalmente negativa em relação à vida. Quando verdadeiramente comecei a ser obediente e confiar no Senhor, vi que precisava esquecer meu passado, viver o futuro e estar em constante movimento.

No ano de 2023, passei por dois grandes divórcios, um sendo conjugal e outro em uma sociedade com um escritório de arquitetura e uma incorporadora. Mas Deus em sua Palavra diz: "Ele faz tudo novo, de novo!". Eu mudei e minha vida também! Mudei de casa, amigos novos começaram a surgir e pessoas importantes foram me ajudando a limpar cada sujeira do meu jardim, hoje vejo flores e frutos que já podem ser apreciados.

Não há como falar de empreendedorismo sem posicionar nosso principal gestor em seu lugar: Deus! Consagrar tudo a Ele. A parte organizacional mais importante é colocar todas as prioridades na vida corretamente, pessoas antes de coisas, pessoas antes de projetos, família antes de amigos, marido antes dos filhos, marido antes dos pais, dízimos e ofertas antes dos desejos, Bíblia antes de opiniões. Jesus antes de TUDO!

Meu desejo hoje é a aprovação de Deus, não mais do homem. A vida começa a fazer sentido quando emprestamos nossas habilidades para a execução das tarefas do que nos foram designadas. Tudo começa em Deus, é por Ele e para Ele.

Neste mesmo panorama, ainda no ano de 2023, por meio da Palavra e após um jejum, Ele me pediu especificamente para deixar o meu antigo escritório, para ser arquiteta de Jesus e usar meus talentos em prol do seu Reino. Deixei tudo para trás e, em um ato de fé, obedeci! Após essa entrega, fui apresentada a um outro profissional com o mesmo chamado, para juntos, a 4 mãos, desenvolvermos projetos de templos religiosos, os quais já estamos elaborando.

Simultaneamente, Deus me proporcionou um novo sócio, um empresário cristão de uma loja no setor de decoração, que abriu as portas de sua empresa para me acolher, já que eu havia deixado meu espaço físico. Várias parcerias, não mais tóxicas, têm se estabelecido também. Junto a uma construtora para execução de obras, consigo agregar minha outra empresa de obras de pequenas reformas de interiores, com um time de profissionais,sócios, para a execução de acabamentos. Ainda consigo desenvolver e atender clientes em projetos residenciais e comerciais por meio de representação de outros parceiros e colegas arquitetos.

O chamado de Deus para grandes tarefas normalmente não é para ser executado sozinho. Devemos olhar para os grandes recursos que Deus nos coloca para que façamos transbordar. Ele nos dá bênçãos sim, mas para que não acumulemos em reservatórios e deixemos elas seguirem um movimento de águas fluidas (porque elas não podem paralisar em nós), devemos ter um coração generoso e grato para abençoar outras famílias, prestadores, colaboradores, fornecedores e todas outras pessoas que Ele também quer abençoar por meio de nossa vida, através de nossa empresa, do nosso trabalho, do nosso talento.

Este é o princípio da prosperidade, fazer transbordar para encher os outros copos "meio cheios", jorrando assim alegria, fé, bondade, humildade, mansidão, generosidade, paz, recursos financeiros etc. Ele quer que cresçamos em nossas finanças, assim como em nossa vida espiritual. Por isso, agora sem o tapume, estou aqui para encorajar você a viver o extraordinário de Deus e mostrar que ainda estou em fase de acabamento, lembrando que esta fase não tem fim, assim como uma obra de uma edificação, pois há sempre um detalhe a acrescentar ou ajustar.

Precisamos lutar e buscar com fé, pois ela é o combustível que move nossa vida. Lute por suas conquistas! Quando somos obedientes, confiantes e entregamos tudo ao Senhor, chuvas de bênçãos começam a chegar!

“

Deus é o seu
Arquiteto especial
e renomado.
Deixe-o executar
detalhadamente
Seu projeto, em
Seu tempo, sua
parte é ter fé e
confiar!

Thalita Targa

Vanessa Sella

Sou a Vanessa, uma mulher autêntica, que ama trabalhar com moda, cuidar da família e do bem-estar, praticando a corrida como esporte favorito. Há mais de 25 anos trabalho com moda feminina, fruto de um longo aprendizado com minha mãe e irmã.

Nesse trabalho de auxiliar as mulheres a se vestirem bem, tenho a oportunidade de conhecer o dia a dia de cada uma e ajudá-las na escolha das roupas que mais combinam com seu estilo pessoal, transmitindo a imagem conforme sua personalidade.

Sempre fui uma pessoa que teve facilidade em me inspirar e admirar mulheres fortes, trabalhadoras e virtuosas. Com isso, construí minha personalidade com base nos bons exemplos que tive ao longo da vida.

Essa minha paixão e entusiasmo pelo meu trabalho acabou por inspirar minhas filhas. E juntas idealizamos a nossa loja, a N21, em homenagem à data de nascimento delas.

vanssella

enevinteum

vanessasella8@gmail.com

+55 (44) 98836-1799

MULHERES QUE REALIZAM

DE MÃE PARA FILHA: EMPREENDEDORISMO DE GERAÇÕES

20

Por Vanessa Sella

Sempre fui uma pessoa alegre, jovial, generosa, observadora, valorizando o lado positivo das pessoas. Desde cedo, desenvolvi o hábito de agradar, inicialmente no ambiente familiar, recebendo carinho dos parentes. No entanto, tinha uma insegurança que se manifestava na tendência de se justificar, influenciada por diferenças físicas em relação aos irmãos (o cabelo volumoso e a voz rouca). Apesar disso, o apoio de tias queridas me ajudou a elevar minha autoestima e logo me senti mais aceita e confiante, me arrumando melhor. A inclinação para ser agradável e ser gentil desde a adolescência contribuiu para minha vida profissional, cujas responsabilidades começaram muito cedo.

A Vanessa filha

Minha mãe, Dona Vera, foi a inspiração central que moldou minha jornada como empreendedora, esposa e mãe. Observando sua fortaleza e caráter, encontrei as respostas para definir quem sou. Desde a infância, testemunhei sua dedicação em criar os quatro filhos, vendendo roupas e produtos de beleza. Ela, uma mulher de fé, influenciou-me profundamente, sendo uma fonte inesgotável de oração e exemplo. Além de minha mãe, minha tia Luzia também desempenhou um papel significativo em minha formação espiritual.

Durante minha adolescência, admirava minha mãe durante os atendimentos na venda de roupas em casa, observando atentamente sua disposição para agradar e ouvir as pessoas, com um lindo sorriso no rosto, alegria e dedicação. Ela tinha uma sala exclusiva em nossa casa para prestar esses atendimentos e costumava ir até São Paulo para comprar as peças.Hoje vejo que minha predisposição natural para agradar as pessoas, ouvi-las e ser agradável veio dessas experiências. Eu sentia verdadeiro gosto em contribuir com o trabalho da minha mãe, e, por isso, a ajudava após os atendimentos, guardando as roupas no lugar.

Com o tempo, minha mãe decidiu abrir uma loja, e, aos 14 anos, comecei a aprender os fundamentos do empreendedorismo com ela. Transferi os estudos para o período noturno para poder trabalhar durante o dia. Sua sabedoria como professora foi essencial, proporcionando-me conhecimentos sobre compras, gestão e atendimento. Seu legado de força inspirou-me a seguir no ramo da moda.

Em 2006, eu e minha irmã mais velha, Viviane, fizemos a experiência de abrirmos uma loja de sociedade. Por um período de 10 anos trabalhamos juntas. A Vivi me ajudou a evoluir na prática das compras em São Paulo, pois sempre fazíamos os pedidos juntas em *showroom* e durante uma boa parte da minha trajetória de vida meu braço direito foi ela, a quem sou muito grata pelo apoio incondicional e tanto aprendizado.

Os exemplos de força das mulheres da minha família foram fundamentais para que eu desenvolvesse a fortaleza e a confiança necessária para enfrentar os desafios que viriam. Quando eu tinha apenas 28 anos, perdemos nosso pai por um câncer de pulmão. Sempre me relacionei muito bem com ele, me identificava muito com seu jeito de ser e sua generosidade, generosidade e simpatia!

Após apenas 4 anos dessa difícil perda, meu irmão Victor faleceu, aos 33 anos por leucemia aguda e apenas 5 anos após, tivemos um novo luto: meu irmão mais novo, Vinicius, que faleceu em razão de complicações médicas. Imagine então que dos 28 anos até os 37 anos eu, minha mãe e irmã vivemos momentos muito difíceis. Ao mesmo tempo, eu e minha irmã tivemos que ser um suporte emocional para minha mãe, que sofreu muito com essas perdas. Ela foi uma fonte de inspiração para nós, permanecendo fiel e confiante na misericórdia de Deus.

A Vanessa esposa e mãe

Além de iniciar muito cedo no ramo do empreendedorismo, também fui mãe muito nova. Digamos que fui precoce em tudo.Como uma menina de apenas 18 anos poderia se tornar uma boa mãe?

Mais uma vez fui abençoada com pessoas incríveis ao meu lado nessa jornada. Casei-me com apenas 18 anos, com meu esposo Cássio, que tinha 19 anos e era meu amor antigo desde a época do colégio, gostava dele desde os 9 anos de idade. Em pouco tempo já tivemos a minha filha Gabriela, um presente de Deus. Com ela eu aprendi a ser uma mulher mais determinada, a aumentar minha fé e o amor sem medida, que é algo mágico e transformador na vida de uma mulher.

Nesse momento, tive o apoio importantíssimo da minha sogra, que me acolheu e foi uma pessoa essencial no início da minha vida matrimonial. Ela me auxiliava dando suporte com minha primeira filha quando eu precisava fazer as viagens para São Paulo e fazer as compras para a loja. O apoio dela foi importantíssimo para que, com apenas 40 dias após o parto, eu já pudesse retornar às minhas atividades profissionais. Além disso, ela me ensinou sobre a vida conjugal, os cuidados com a casa e com os filhos. Além de colaborar comigo para cuidar das minhas crianças, fui incentivada por ela a me alimentar muito bem e a realizar tudo o que era necessário para ser uma excelente mãe para minhas filhas.

Além da sogra, fui agraciada com duas cunhadas maravilhosas, a Ane e a Elizabeth. Elas me inspiraram a ser uma mulher de fé e de oração e contribuíram com questões bem práticas no início da maternidade, como cuidados médicos, a escolha dos colégios, até orientações sobre relacionamento conjugal. Eu queria ser parecida com minhas cunhadas, com o modelo de família que elas constituíram e o amor incondicional pela família que elas cultivavam.

Apesar da beleza que existe na maternidade e sua magia, os compromissos e as responsabilidades não deixaram de existir, ao contrário, aumentam ainda mais. Embora eu já tivesse desenvolvido um ritmo de trabalho ainda muito jovem, passei a me esforçar junto ao esposo para poder garantir os estudos e uma vida digna para nossa primeira filha. Mesmo com a correria, nessa vocação eu descobri o quanto eu me realizava cuidando do bem-estar das pessoas.

Passados alguns anos, minha filha Gabi passou a me pedir um irmãozinho ou irmãzinha. Colocamos em oração, em família, e logo veio a pequena Giovanna, um presente de Deus, uma menina linda, muito parecida com o pai, hoje já com 17 anos.

Há 26 anos estou junto com o Cássio e, como em todo casamento, enfrentamos vários desafios, mas o amor pela família é o laço fundamental para a minha vida e a dele. O Cássio é aquele que mostra o seu amor e seus cuidados culinários para a família toda, somos todos muito mimados por ele! Para nós, a família e as filhas sempre estiveram em primeiro lugar.

Hoje temos a felicidade e a graça de sermos avós do Dom e tem outro neném a caminho, nosso xodó, uma benção de menino que veio nesse último ano alegrar a nossa vida e nos ensinar mais uma vez sobre a importância do que é o amor incondicional. Graças a ele, consegui dar uma desacelerada nas rotinas de trabalho, pois consigo separar alguns momentos para poder cuidar dele e receber esse amor tão terno.

Considero que a nossa família foi muito agraciada com essa vida. Ele veio para deixar a casa e a família ainda mais completa. A vida em família é algo que eu aprecio muito e é o que torna a vida repleta de sentido.

A Vanessa empreendedora e corredora

Há 6 anos decidi empreender e iniciar um novo negócio, a N21, uma loja de moda feminina onde pude consolidar todo o aprendizado em família de quase 25 anos. Minha melhor versão é ser ouvinte, agradável e transmitir alegria, deixando de lado minha opinião para ajudar o próximo.

Procuro ser curiosa para pesquisar sobre moda e estilo, além de cuidadosa para fazer as compras, observando as tendências, o modo como as mulheres procuram se vestir e conciliar isso com o perfil e estilo de minhas clientes. Antigamente, estudávamos a moda pelas revistas, novelas e a TV. Eu sempre ia com frequência a São Paulo buscar as novidades em feiras, *showrooms* e desfiles. Atualmente, tudo está mais simples e acessível com os meios digitais. Consigo fazer muitas compras por meio de catálogos em PDF e pelo WhatsApp. Hoje fico o tempo todo resolvendo os pedidos e as pendências pelo celular, o que promoveu a agilidade nos nossos processos.

A minha personalidade está mais ligada às pessoas, por isso me identifico mais com o atendimento ao cliente. Já o meu esposo, Cássio, companheiro de vida há 26 anos, entrou junto comigo me auxiliando na parte de logística e das finanças. Além dele, tive a felicidade de ter a colaboração de minha filha mais velha, Gabriela, uma mulher visionária, que direcionou a inovação e a organização da empresa, as fotografias, o marketing, a disposição das peças e *layout* do nosso ambiente, tornando-o mais moderno, delicado, aconchegante e belo. Ela não só potencializou as vendas pelos meios digitais, mas também me ensinou a ousar em outras.

Seguindo os passos da mãe, ela já idealizou o seu próprio negócio, que é uma marca de sapatos estilosos e confortáveis, a Aludra. A Giovanna, minha filha mais nova, também integra o nosso time e está muito engajada tanto nas compras, nas redes sociais e nas tendências.

Um dos elogios que mais tenho recebido é que tenho bom gosto e que transmito a imagem de segurança e estilo. Sempre escuto a frase: "minha filha adora o seu estilo", pois procuro misturar um *look* que seja *fashion* e ao mesmo tempo adequado à minha imagem e à ocasião.

Analisando minha história, vejo que minha insegurança quando jovem serviu para crescer em minha personalidade a liberdade de poder arriscar e ser única. Quando todos diziam: "Ah, isso eu não tenho coragem de usar", estava eu lá ousando vestir alguma nova tendência, pois me sinto bem com a novidade.

Assim, a N21 é um negócio que passou por um processo de transformação. Numa primeira fase, a moda era mais focada em nós, mulheres maduras e o atendimento era presencial, mas não 100%. Atualmente, conseguimos ampliar o público e as preferências, inclusive para jovens de 18 a 50 anos, graças às mídias sociais. Nossas peças combinam um estilo *fashion* e ao mesmo tempo confortável, mas também temos algumas peças de alfaiataria que encaixam para várias faixas etárias.

Escolhemos as peças pensando no cliente, pensando no look N21: mulheres modernas, decididas e que buscam se realizar. Se a mulher procura alguma peça mais diferenciada, ela encontra em nossa loja, independente do seu estilo ou idade.

A pandemia acelerou o mercado digital com muitos lançamentos. Esse tem sido o meu maior desafio: manter o entusiasmo ao mesmo tempo em que busco conectar-me com o mercado, acertar as compras, encontrar as pessoas certas para trabalhar, expressar minha visão para o negócio, saber captar a opinião de todos os envolvidos, descobrir quais são as peças que estão mais saindo, enfim, a cabeça fica acelerada e não para de criar estratégias.

Devido ao volume de trabalho, acredito que é fundamental poder contar com parceiros que tenham uma visão compartilhada do negócio. Sempre tive colaboradoras confiáveis, alegres e bem dispostas a agregar no negócio e ter um relacionamento de amizade, além do profissional.

Depois da perda de três pessoas queridas da família, a pandemia foi mais um dos maiores desafios para nossa família. Nessa ocasião, perdemos uma propriedade para não deixar de pagar nossos fornecedores com os investimentos que estávamos projetando. Tive que ter muita força, pois achei que não suportaria. Tínhamos muitas contas assumidas, porém o nosso produto não era uma prioridade para as pessoas.

Senti muito medo de retornar ao mercado. Até então sempre tive felicidade para trabalhar. Ali eu perdi o chão. Queria poder honrar todos os compromissos assumidos, mas graças ao apoio da família e amigos, aos poucos as coisas foram clareando. Para enfrentar tudo isso, me fortaleci na oração. Costumava escutar o Frei Gilson e as pregações da Dra. Filó, uma médica católica muito sábia. Atualmente, participo do grupo de Empreendedores Católicos na Catedral de Maringá, um grupo de partilha que me fortalece muito na caminhada na fé como empreendedora.

Durante a pandemia, também perseverei na prática da corrida, que havia iniciado com um grupo que participava de competições. O esporte me dá a sensação de liberdade, felicidade e paz. Isso me ajudou muito a ter disciplina e a aliviar o stress e a ansiedade, pois enquanto movimento o corpo, a mente fica livre das preocupações, sinto aquele "*flow*", a sensação de estar presente no momento e feliz. Com isso, encaro os desafios de uma forma mais positiva. Outro benefício é que enquanto corro tenho várias ideias para o negócio e sinto uma imensa sensação de paz, pois também consigo me conectar com Deus em oração nesses momentos.

Já tive a oportunidade de competir em algumas provas de corrida: Serra do Rio do Rastro, em Foz do Iguaçu, Bonito, Torres del Paine (Patagônia), Curitiba, São Paulo e Rio de Janeiro. O esporte também me possibilitou viagens incríveis e conhecer novos amigos.

Vejo a trajetória da minha vida como uma grande missão. A missão de ajudar as pessoas e de ser luz, falando sempre do amor de Deus. Meu trabalho lida diretamente com a autoestima, pois as pessoas nos procuram para ocasiões e momentos especiais de suas vidas. Esse trabalho gera em mim muita satisfação e sinto essa disposição interior para servir, acolher, cuidar do próximo, fazer as mulheres se sentirem especiais, pois elas saíram de casa para um momento seu. Essa fonte de luz encontro em Jesus, nas missas e na adoração ao Santíssimo.

Por essa razão, as pessoas me consideram uma mulher forte. Uma mulher que realiza sonhos e se realiza em cada um de seus papéis. No trabalho, posso exercitar a honestidade, a gentileza, a escuta, a delicadeza, o cuidado com o próximo e, ao mesmo tempo, transmitir equilíbrio para o meu núcleo familiar, diante das visões e temperamentos diferentes.

Hoje, descobri com gratidão que a maternidade e o equilíbrio das dimensões espiritual, emocional e física foram a chave para o sucesso. A mãe e mulher que é a base e o suporte dos seus: envolve-se, interessa-se e harmoniza. Tudo começou com minha mãe, e agora vejo isso se perpetuar como legado na vida das minhas filhas.

“

O trabalho é uma oportunidade de fazermos as pessoas felizes. Ao cuidar do outro, nos tornamos um reflexo da luz divina.

Vanessa Sella